AF407886

EL CARTEL DE LOS CASTRO

Pablo Padula

Basado en los libros "Los indefendidos" y
"Fuimos, somos y seremos"

de Lázaro Felipe García Fonseca

Copyright © 2022 Pablo Padula – Lazaro Garcia Fonseca

Reservados todos los derechos. Este libro o cualquier parte del mismo no puede reproducirse ni usarse de ninguna manera sin el permiso expreso por escrito del editor, excepto para el uso de citas breves en una reseña del libro.

Impreso en los Estados Unidos de América.

Primera impresión, 2022.

PRÓLOGO

Mucho se ha hablado durante las últimas 5 décadas sobre la participación de Fidel Castro y su hermano Raúl en el narcotráfico. Cientos de libros y hasta famosas series de televisión como "Narcos", en Netflix, relacionan al hombre que dijo odiar las drogas con toda su alma al contrabando de miles de toneladas de estupefacientes hacia los Estados Unidos.

Lo que nunca se había demostrado antes, con tantas pruebas irrefutables, es que el gobierno cubano participó activamente, y con malicia, en la creación de la famosa época de oro del narcotráfico en Miami, los años 80. Tampoco se sabía, hasta ahora, que los Castro enviaron a las costas de la Florida, durante el famoso "Éxodo del Mariel" a cientos de agentes encubiertos, cuyo propósito era crear una organización de narcotraficantes dispuestos a inundar el país de drogas provenientes de Colombia y destruir así a los Estados Unidos desde adentro.

Si alguien se niega a creer esta verdad es porque no conoce ni a los Castro ni a la historia que existe entre ambos países. Además del conocido escándalo que tuvo como protagonista al famoso grupo anticastrista Hermanos al Rescate, donde se infiltraron agentes cubanos para destruirlo desde adentro, la mismísima CIA posicionó agentes encubiertos en la isla durante la crisis de los misiles en 1962. Históricamente Estados Unidos y Cuba han intercambiado espías con más frecuencia que contactos diplomáticos. Sería altamente inocente creer que el gobierno cubano no aprovechó la coyuntura creada por el masivo éxodo de cubanos que partió desde el puerto Mariel en 1980 para enviar a sus hombres encubiertos, haciéndose pasar por víctimas cuando en realidad eran los victimarios.

En 1982 las autoridades norteamericanas detuvieron y enjuiciaron al cubano Mario Estévez González, el capitán del barco Lazy Lady, utilizado para transportar estupefacientes desde Cuba a Florida. Declaró en su juicio que era un agente del gobierno cubano enviado por primera vez a los Estados Unidos en 1980 durante el éxodo del Mariel con el propósito de infiltrarse en el grupo anticastrista de Miami conocido como Alpha 66. Más tarde testificó también que fue instruido por sus superiores en el Ministerio del Interior cubano para infiltrarse en narcotraficantes en las Bahamas y aprender a comprar y vender drogas en Estados Unidos.

El oficial a cargo de comunicarse con Estévez le dijo que "es importante para nosotros llenar Estados Unidos de drogas". También le ordenó ir a Bimini en las Bahamas a finales de septiembre o principios de octubre de 1980 para reunirse con el agente del gobierno cubano conocido como Frank Bonilla, el propietario del Lazy Lady y ayudar con un cargamento de drogas estancado en Cuba. Estévez también declaró que él, Bonilla y Pérez se reunieron con René Rodríguez, presidente cubano de ICAP, y con Aldo Santamaria Cuadrado, vicealmirante de la Armada de Cuba, dos altos mandos del gobierno de Castro que custodiaban los 10 millones de tabletas de quaalude en la nave nodriza, el Viviana. Estévez testificó que Santamaría, el vicealmirante de la Armada de Cuba, se presentó como René Baeza Rodríguez y bromeó sobre el contrabando de drogas de Estévez. "Me tocó, me puso la mano encima y me dijo: 'Por fin vas a tener una farmacia en Miami'. Estévez también testificó que, siguiendo las órdenes de sus oficiales de control del gobierno cubano, pasó de contrabando cocaína a los Estados Unidos y llevó más de $2 millones en ganancias del tráfico de cocaína de regreso a Cuba.

También reveló durante su interrogatorio que en la isla había plantaciones de marihuana en la zona de Manzanillo y en el Escambray, todas operadas y supervisadas por la Dirección General de Inteligencia cubana.

Estévez es uno de los tantos agentes encubiertos del régimen castrista que participaron en actividades de narcotráfico representando al gobierno de Fidel Castro. Se cree que más de 7000 espías cubanos llegaron a las costas norteamericanas durante el éxodo del Mariel.

El resto de los inmigrantes llegaron a los Estados Unidos en un momento muy especial de la historia. Toneladas de drogas esperaban ansiosas llegar a su destino, al país donde había suficiente dinero para hacer a los traficantes millonarios. Y las ganancias eran fabulosas.

Quien vio la película "Scarface" sabe perfectamente lo que sucedía en Miami desde el final de la década del 70, la ciudad se había vuelto el paraíso de los narcotraficantes colombianos y cubanos. Tony Montana puede haber sido un personaje de fantasía y algunas de sus escenas, como la de su muerte, exageradas con propósitos dramáticos, pero la ficción no supera por mucho a la verdad. La vida del personaje interpretado por Al Pacino se pareció bastante a la de muchos cubanos que llegaron a los Estados Unidos sin un peso y grandes aspiraciones, luego de décadas de represión, hambre y falsas expectativas. Excepto por la violencia y el lenguaje explícito, las historias de esa época se parecen mucho a cientos de marielitos que vinieron a la Yuma en busca de una vida mejor.

En la película, Tony es un inmigrante cubano que se da cuenta que en Miami es posible hacer dinero fácil traficando drogas y matando gente. Las ganancias, sin duda, superan ampliamente el salario mínimo que podría lograr trabajando en una factoría. En poco tiempo Montana transforma su vida por completo, alcanzando el nivel de capo de la droga.

Se rumora también que muchas de las fortunas de inmigrantes cubanos que abrieron negocios exitosos en Miami se originaron en el narcotráfico.

- Cualquier persona que tenía un bote en esa época podía ganar fortunas en esos días - cuenta Yoel, uno de los protagonistas de este libro. Luego mencionó nombres y empresas de gente muy prominente en la comunidad cubana de la Florida que no me atrevería a revelar sin pruebas. Me llevaré el secreto a la tumba.

Durante sus últimos 10 años en la cárcel, el protagonista principal de este libro, Lázaro García Fonseca tuvo la oportunidad de conversar con uno de esos espías cubanos, quien le contó como el MC, unidad del ejército dependiente del Ministerio del Interior de la que hablaremos extensamente más adelante, coordinaba las operaciones de narcotráfico entre las costas de ambos países, facilitando el movimiento de toneladas de marihuana y cocaína hacia los Estados Unidos. Todo esto se hacía con el completo conocimiento de la cúpula mayor del partido comunista, como era costumbre en la isla: "ni una mosca volaba en Cuba sin el consentimiento explícito de Fidel", según se dice en la jerga popular.

Este libro se llama "El Cartel de los Castro" porque hemos comprobado, con pruebas irrefutables, que ellos dos son los líderes de un grupo secreto de criminales enviados a los Estados Unidos con el propósito de participar en actividades de narcotráfico. Lo hicieron para su propio beneficio económico y también porque creían que las drogas iban a lograr lo que ellos nunca pudieron: destruir a una sociedad que ellos tanto odiaban.

En este diagrama mostramos, en forma simplificada, cómo operaba este cartel criminal:

EL CARTEL DE LOS CASTRO

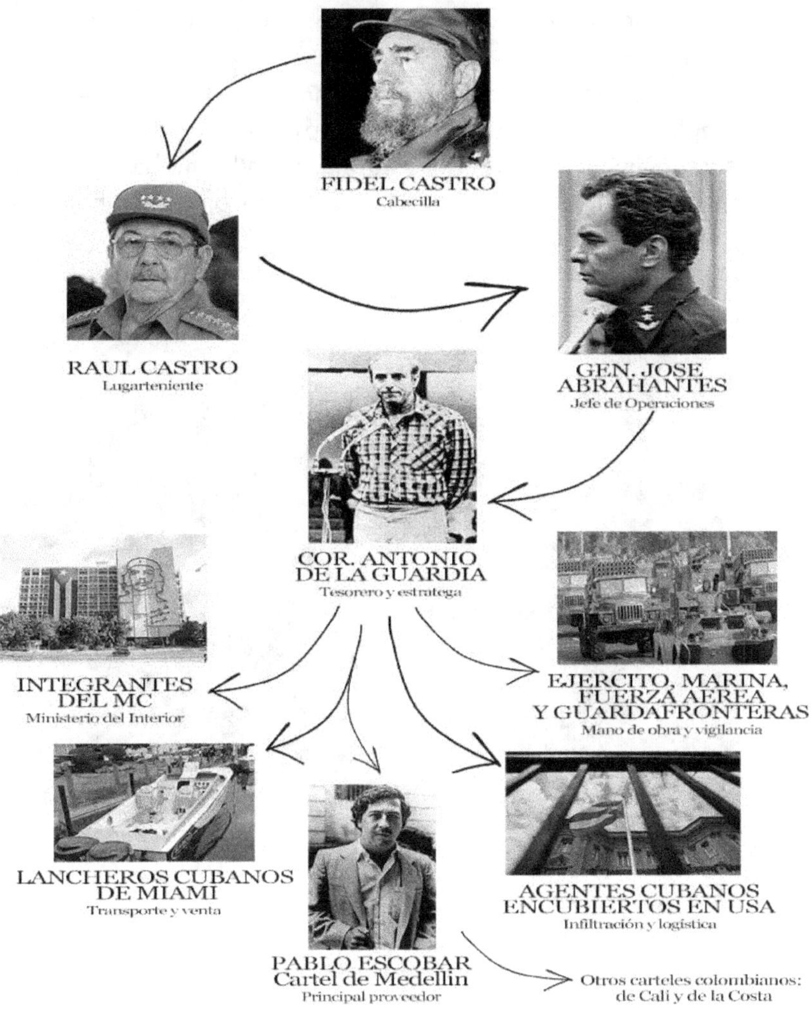

Un cartel de narcotráfico no solo se refiere a las drogas que se trafican sino a la gente que lo compone. Un cartel tiene jerarquías, eslabones, reglas, riesgos, consecuencias y por sobre todo, motivaciones. Y en este libro vamos a plantear una hipótesis que tal vez sorprenda a muchos, pero que sin duda los pondrá a pensar. ¿Fueron los Castro responsables de que personas como Lázaro o Yoel, a quien conocerán más adelante, se hayan dedicado al narcotráfico?

Usemos otro ejemplo famoso. La historia de Salvador Magluta y Willy Falcon. Los "Cowboys de la Cocaína" fueron los personajes principales de los titulares en las noticias de Miami y también de una serie de Netflix. Lograron contrabandear 75 toneladas de cocaína a los Estados Unidos, lo que les generó más de 2 mil millones de dólares en ganancias.

Salvador Magluta y Willy Falcon / ImDb

¿Qué tienen que ver Magluta y Falcón con la historia de este libro? Que los dos son cubanos y que la mayoría de los miembros de su organización, su "Cartel", fueron también personas nacidas en Cuba, decididos a poner en riesgo su vida y su libertad a cambio de cantidades de dinero imposibles de obtener por otros medios.

A medida que vayan leyendo este relato se darán cuenta que existe un patrón evidente y muy fuerte entre ellos y Lázaro García Fonseca, cuya familia también observó con admiración su trabajo de narcotraficante y nunca se opuso.

Todos sus cómplices, los que decidieron callarse y encubrirlos y muchos otros que decidieron tomar ese riesgoso camino para conseguir el sueño americano, eran cubanos.

Fidel Castro y su falsa revolución no solo han sido responsables de un nivel de miseria inimaginable y una inmigración masiva de compatriotas, sino que también crearon los motivos para que miles de cubanos recorrieran las 90 millas que separan a los dos países y así buscar sus fortunas, bajo el riesgo de terminar muertos o en la cárcel. "El fin justifica los medios", piensan ellos, con mucha razón.

La forma en que Lázaro cuenta su historia le permitirá al lector entender perfectamente este fenómeno.

Los colombianos fueron los precursores del narcotráfico, de eso no hay duda, impulsados por un conflicto armado interno que se inició en los años 60 y necesitaba financiamiento; y por la demanda mundial de estupefacientes que aumentó considerablemente en los 70, especialmente en los Estados Unidos. Todo esto dio origen a los famosos carteles de Medellín y Cali, los principales, y luego otros tantos que comenzaron a surgir en Colombia y en México, el vecino del sur con envidiable acceso a 'gringolandia'.

Desde la década de los 70 Cuba fue un trampolín muy codiciado por los carteles colombianos de la droga. Una lancha rápida conducida por un buen piloto podría ingresar cientos de kilos de drogas a las costas norteamericanas en cuestión de minutos. Las Bahamas eran, y siguen siendo, también otro punto muy utilizado por los carteles colombianos para entrar estupefacientes a la Florida. Lázaro utilizó ambas rutas para mover la droga.

Nunca se sabrá si el supuesto odio que manifestó siempre Fidel Castro contra los estupefacientes fue real o una simple fachada para mostrarse magnánimo y hacer alarde de su liderazgo. Recuerden que es el mismo hombre que dijo en 1959: "Respecto al Comunismo, solo puedo decirles una cosa, no soy comunista, ni los comunistas tienen fuerza para ser factor determinante en mi país... Esta revolución no es comunista sino humanista", mintió descaradamente durante un discurso en la Sociedad Norteamericana de Editores de Periódicos de Washington DC.

Dependiendo a quien se le pregunte, Castro cambió mucho a lo largo de los años, y lo que una vez pensó, se pudo haber transformado en una careta que usaba para ocultar su insaciable ansia de poder. En otras palabras, quizás si odiaba las drogas y las secuelas que dejaba en la sociedad, pero cuando tuvo necesidad de generar dinero para mantener a flote su circo político (y de paso hacerle daño a la Yuma) todo era permitido.

El mismo Lázaro dice que Castro dejó de ser el mismo a medida que iba conduciendo hacia el abismo de los demás, que su discurso dejó de ser sobre ideas y pasó a ser sobre control mental y apariencias. Por eso mucha de la información nueva que leerán ustedes en este libro encaja perfectamente con los tiempos que se vivían entonces. Como por ejemplo el famoso "MC" del Ministerio del Interior, creado para burlar el embargo. Contrabando humano, de drogas, de tecnología, todo bajo el mismo pretexto, aliviar el enorme peso económico que le dejó a Cuba la caída de la Unión Soviética.

Escribiendo esta introducción se me viene a la mente la serie coreana "Squid Game" de Netflix, que tuvo un gran éxito de audiencia, entre otras cosas, porque plantea una pregunta existencial que muchos se hacen: que estaría dispuesto a hacer el ser humano para lograr sus objetivos. Morir, dejar que otros mueran, ¿matar si es necesario? Si algún lector no la vio, el argumento trata de un hombre lleno de deudas y problemas familiares se le ofrece la opción de ganar muchos millones de won, la moneda coreana. Tras aceptar, el protagonista se da cuenta que para recibir el dinero mucha otra gente tiene que morir, inclusive familiares y amigos. Les recomiendo que la vean, y por eso no voy a contar nada más. Simplemente les dejo esta información.

¿Creó Fidel Castro y su revolución llena de hipocresía política y social, con sus tácticas crueles y opresoras, un pueblo ambicioso y reprimido, lleno de personas dispuestas a hacer lo que sea necesario para lograr sus sueños, inclusive arriesgar su vida y su libertad?

Pero el mayor interrogante es el siguiente: ¿sabían los Castro que al permitir la salida de miles de personas en el Mariel estaba, esencialmente, entregando mano de obra a los carteles de la droga que ya estaban operando en 1980? Peor aún: ¿lo hicieron a propósito para causarle a los Estados Unidos un doble golpe: crearle una crisis migratoria y proveer un ejército de potenciales narcotraficantes?

Bajo esas premisas fue escrito este libro, para que el mundo entero analice el impacto que ha tenido la presencia de un régimen totalitario a solo 90 millas del país más poderoso del mundo, empecinado en destruir a su némesis a cualquier costo.

Después de todo fue Fidel Castro el que dijo: 'Las drogas pueden hacerle más daño al imperialismo que las bombas atómicas'

En este libro contaremos la historia de 2 marielitos que fueron asesinados por, supuestamente, robarle una enorme suma de dinero a un capo mafioso. Más allá del ejecutor del crimen, los mató la pobreza, la ambición y la falta de perspectiva para sobrevivir en este país. Su tragedia es solo un ejemplo de la corrupción que ejerce el dinero sobre la gente, especialmente en aquellos que vienen de un régimen en donde se desconoce por completo la realidad mundial.

Lázaro siempre me dice: "tu eres casi tan inteligente como yo". Al principio mi reacción fue pensar que una persona que pasó casi 2 décadas de su vida en la cárcel no es precisamente el rey de la inteligencia. Pero luego, a medida que fui conociendo su historia, mi razonamiento cambió radicalmente. Ahora digo: ¿quién es más inteligente, un periodista pobre que lucha todos los días para mantener a sus hijos, con el dinero ajustado y grandes deudas en el futuro, o un hombre valiente, casi sin escrúpulos, que amasó una enorme fortuna, le pagó los estudios a sus hijos, les compro casa a todos y, como consecuencia, se pasó 13 años en la cárcel?

Esa pregunta se las dejo a los lectores para que, una vez terminado este libro, la respondan en las redes sociales.

¿QUIÉN ES LÁZARO GARCÍA FONSECA?

"Y es que, en el mundo traidor, nada hay verdad ni mentira: todo es según el color del cristal con que se mira."
Ramón de Campoamor y Campoosorio (1817-1901)

Antes de conocerlo, muchos podrían pensar que Lázaro Felipe García Fonseca (foto de 1980) es un exconvicto que decidió dedicarse a una vida de crimen para satisfacer sus más bajos instintos. Ese es el concepto que la sociedad suele tener sobre todos los que se dedican al contrabando y transporte de estupefacientes. Al terminar este libro es probable que muchos se den cuenta que esa es una premisa tan equivocada como prematura.

Se puede asumir, con certeza, que los seres humanos somos producto de la sociedad que nos cría, que no siempre tomamos decisiones basadas en la inteligencia individual sino como reacción a la realidad que nos vio crecer. Y Lázaro es producto del comunismo, y de eso no hay ninguna duda.

El comunismo tiene muchas facetas: una, que es un sistema fallido y comprobadamente obsoleto, que funciona únicamente para los que ostentan el poder. Otra, que convierte a las personas en seres perdidos en el tiempo, incapaces de evaluar su vida con objetividad. Los aísla del resto del mundo, los condena al retraso.

Lázaro es una de esas facetas. Un hombre que nunca se conformó con el destino que los demás le pintaban, que cuando triunfó la revolución se dio cuenta, de inmediato, que esa era una terrible idea. Por eso, a los 14 años, lo metieron a la cárcel, con 3 disparos en su cuerpo.

- Yo le digo la repudrición, no la revolución, la repudrición, porque todo lo que hace se pudre. Como por ejemplo hizo que la familia cubana se desuniera. Unos tomaron el camino del fidelísimo, como el 95%, y otros se fueron contra Fidel, un 5%. En el tiempo que todo el mundo decía: Fidel o Muerte, yo tenía otras ideas.

- ¿Estabas en contra de tu papá? - le pregunté, sorprendido.

- Si, mi papá era fidelista, ellos se enfermaron con Fidel. 3 de mis hermanos también. Mi familia quedó destrozada por culpa de la revolución. A varios de mis primos los fusilaron por oponerse.

Su desilusión con las ideas de Castro comenzó el día en que el nuevo gobierno le quitó a su padre un autobús que le había regalado su tío.

- No pude ponerme contento con eso, porque aparte de confiscar nuestro sustento, aparte de perder el taller de mecánica y perder los ómnibus, mi tío perdió a su familia, porque mi papá se había metido miliciano y sus tres hijos también.

Lázaro se unió a la resistencia, pero en forma pasiva, ayudando a tu tío.

- Yo ya había tomado partido por los que estaban en contra. Y una vez en la Sierra del Rosario, Pinar del Río, cuando estaba llevando una medicina a mi primo, las tropas de Castro me dieron 3 balazos, cicatrices que todavía tengo en mi cuerpo. Me recuerdan mi adolescencia todos los días.

Lázaro sobrevivió de milagro. Un enfermero del gobierno lo recogió en un helicóptero y lo llevaron de urgencia a un hospital donde lograron salvarle la vida.

- Fidel les transformó la mente a los cubanos. Fidel lo hizo no creer en Dios. Él los hizo renunciar a su fe. Los hipnotizó con promesas. Eso pasa mucho en los pueblos, Alemania, por ejemplo. ¿Por qué Alemania apoyó tanto a Hitler, aunque causó millones de muertos?

¿Y por qué en Rusia apoyaron a Lenin? Ambos supieron aprovechar un momento histórico lleno de debilidad e incertidumbre y usaron ese apoyo y fanatismo para lavarle el cerebro al pueblo. Pero a mí no me lo pudo lavar. Dios no quiso que me lo lavara y cuando me dieron los balazos y me metieron preso, mi mente cambió para siempre, solo pensaba en tener un futuro brillante, lejos de esa locura. - explica Lázaro con nostalgia.

No es descabellado pensar que algunas de las ideas de Fidel Castro quedaron impregnadas en la mente de Lázaro. Es imposible creer que el bombardeo constante de ideas revolucionarias resbale por completo por la mente de un joven impresionable, al que su familia consideraba brillante.

- Yo me creo muy inteligente. Yo me creo una persona inteligente. Nunca hubiera estado de acuerdo con la revolución, sin embargo, había catedráticos, doctores y profesores universitarios que se hicieron fanáticos de la Revolución. - dice Lázaro con certeza. - Y es que Fidel supo utilizar el odio que le tienen en Latinoamérica a los Estados Unidos, porque en los Estados Unidos también han cometido errores, invadieron a Panamá y se lo quitaron a Colombia. Han invadido muchas veces México, le quitaron medio México a los mexicanos y eso no es nada bueno. Me acuerdo de un episodio cuando un marinero de Estados Unidos orinó arriba de la estatua de Martí en el Parque Central de La Habana. Los comunistas supieron explotar siempre esos hechos. -

La pregunta que se plantea este libro es: ¿Qué papel jugó ese resentimiento legítimo que expresan Castro y muchos

líderes y habitantes de las Américas en las decisiones de personas como Lázaro, que se dedicaron al narcotráfico conociendo
perfectamente las consecuencias sociales del uso de drogas?
¿Pudo la retórica anti-yankee haber tenido peso en el momento
de dedicar su vida al peligroso pero generoso negocio del narcotráfico?

¿No te sentías culpable sabiendo que traficabas drogas?
- le pregunté.

- ¿Que yo estaba cargando marihuana? No, si casi ahora
es legal. - respondió un poco agitado. - Ahora es medicinal. Lo
cierto es que en ese momento tenía una familia que mantener y
esa resultó ser mi única alternativa. Intenté poner un negocio
de pintura de casas, pero no me alcanzaba para nada. Quise
estudiar inglés, pero no me daban los horarios. Entonces se me
presentó esta oportunidad de mover drogas y la tome. Muchos
cubanos lo estaban haciendo en esa época, comienzos de los
80. Era dinero rápido y mucho, pero de fácil no tenía nada.

- Claro, ganabas dinero, pero corrías el riesgo de que te
maten o te metan preso. - me salió de la boca la pregunta más
lógica en ese momento.

- Escúchame, tienes que entender. Hay un psiquiatra o
psicólogo que se llama Sigmund Freud. El dice que hay cuatro
gigantes del sentimiento humano. ¿Tú sabes cuál es el primero?
El sentido del deber. Yo sentía el deber de darle una buena vida
a mi familia, eso fue lo que me motivó siempre.

- ¿Nunca has sentido remordimiento? -

- Ninguno, ninguno, nunca he sentido remordimiento
por lo que he hecho. Yo sé que hice cosas malas, pero bueno:
dicen que el que peca y reza, empata.

En nuestra charla, Lázaro me hizo un cuento que de-
muestra claramente su forma de pensar y vivir:

- Un hombre va a despedir a su hijo en el aeropuerto y
le dice: - "tú vas a vivir a otro país, a buscar tu destino. Te doy
este consejo sabio: "Gana tu dinero honradamente". - "Y si no
puedo? - le responde el hijo. Entonces su padre lo mira fijamente a los ojos y le dice: "Entonces, gana tu dinero".

Lázaro se incorporó un poco en el sillón y siguió reflexionando sobre su vida.

- Me acuerdo de que una vez volví a mi casa frustrado porque se cayó una operación y mi esposa me dijo al verme la cara: "¿no hiciste nada?" "No hice nada", le respondí. Y ella me dijo: "si esto sigue así, creo que vas a tener que volver a la pintura". Me salió una gran carcajada. "No, mamita, todo va a salir bien, créeme. Nadie va a buscar ayuda en mi casa, ustedes nunca van a necesitar nada, te lo prometo. Si yo no puedo coronar un viaje, vendrá otro. Porque yo ahora o cargo marihuana o me muero, porque ahora es una cosa personal, ya no es negocio."

Otro de los motivos del auge del narcotráfico entre Cuba y Estados Unidos, además de la oferta colombiana y la demanda yankee, fue el hecho de que cientos de lancheros cubanos se quedaron sin trabajo a fines de los 70 cuando se suspendió la pesca de langosta en las costas cubanas. Toda esa mano de obra desocupada fue aprovechada rápidamente por los narcotraficantes, quienes pagaban cifras exorbitantes por cada carga que alcanzaba las costas floridanas.

Lázaro no sabía mucho de lanchas, cartas marítimas o contrabando de drogas, pero aprendió rápidamente.

Al comienzo, nada fue fácil. Tuvo que esperar varias semanas antes de conseguir su primer gran día de pago. Algunas veces el avión se caía, no despegaba o el cargamento no llegaba por varios motivos. Pero una vez que se aprendió el negocio y se conectó con las personas correctas, los fajos de billetes comenzaron a llover. Con sus ganancias, que podrían alcanzar los cientos de miles de dólares en un día, compró lanchas y a partir de entonces, ese fue su trabajo de tiempo completo.

Paradójicamente, su viaje al mundo de las drogas había comenzado, años atrás, también en un bote.

Luego de años tratando de escapar su destino como anticastrista, Lázaro salió de una cárcel en Cuba y se subió a un barco con destino a Miami. Pero no se escapó como muchos otros, él fue parte de un movimiento llamado "El Mariel" inventado por Fidel Castro para castigar a los Estados Unidos con una invasión humana. En total, más de 125.000 cubanos abandonaron el país a través del Puerto Mariel entre abril y diciembre de 1980 recibiendo, por eso, el pseudónimo "marielitos".

Como parte de su plan maquiavélico y para tratar de disimular el hecho de que la gente se iba porque Cuba era un país sin futuro ni presente, Castro anunció que los "marielitos" eran todos delincuentes, indeseables que estaban siendo expulsados del país. Su propósito era desprestigiar a los "traidores" que abandonaban el país y crearles problemas a donde quiera que fueran, además de darle la sensación a los gringos que su país estaba siendo invadido por delincuentes, asesinos y depredadores.

Aunque sí hubo problemas con muchos de estos inmigrantes cubanos, en realidad el tiempo se encargó de demostrar que nada de eso era cierto, sino una lamentable estrategia política de un hombre que odiaba a los Estados Unidos con toda su alma. Los "marielitos" son ahora la base de una enorme y próspera comunidad que echó raíces muy fructíferas en el sur de Florida, no solo económicamente sino también culturalmente poderosas.

El efecto inmediato de este enorme éxodo fue la crisis migratoria que causó en los Estados Unidos, desde que llegaban al puerto de Cayo Hueso (Key West en inglés) hasta su inmersión dentro de la sociedad miamense. Eran cientos de miles de personas que necesitaban comida, hospedaje y un futuro relativamente cierto.

Entre todos ellos estaba Lázaro, con su esposa, la Dr Merida Garcia y sus 3 hijos: Gisselle, Carlos y Yanet. 4 seres humanos a su cargo, sin trabajo ni lugar donde vivir. Por suerte una tía, Aida Fonseca, los recibió en su hogar.

Muy pronto Lázaro se dio cuenta que el precio de la libertad en la "Yuma" como le dicen en Cuba, iba a ser altísimo y su orgullo, su sentido del deber y la moral enfrentarían muchos conflictos. Por suerte, él tenía muy claro lo que estaba dispuesto a hacer para conseguir sus objetivos.

¿Por suerte?

Su carrera como "transportador de mercancía", como él se describe, lo llevó a recorrer miles de kilómetros en 3 continentes, ganar varios millones de dólares y a pasar poco menos de 15 años en la cárcel.

Los invito a que lean el resto del libro para que juzguen, con argumentos, si fue suerte o no.

CAPITULO 0

EL CHIVO EXPIATORIO

Cuando la puerta de la oscura celda se abrió, el reo se dio cuenta que le quedaban unos pocos momentos de vida.

En el horizonte, el sol apenas pintaba algunos tímidos naranjas. Era la madrugada del 13 de Julio de 1989 y en el aire había olor a traición.

- ¿Qué es esto? Demando hablar con el comandante - atinó a decir con una voz quebrada, llena de pánico. - No se me acerque, soldado, se lo ordeno, soy un general de la Revolución cubana.

Las palabras del condecorado héroe de Angola cayeron en oídos sordos. Los hombres de uniforme verde tomaron al corpulento prisionero por los brazos, le pusieron las esposas por delante y lo arrastraron hacia afuera de la celda.

Ochoa, mientras caminaba lentamente y se sacudía, siguió gritando.

- Déjenme hablar con Fidel, estoy seguro que me va a escuchar.

- En la voz del militar se notaba un llanto desenfrenado que no iba acorde con su famosa actitud valiente y llena de confianza.

Por primera vez en su vida, el hombre que arriesgó todo por un ideal, que luchó durante varias décadas para defender el nombre de su patria y de su líder, sintió un profundo odio por Fidel Castro. Su ex gran amigo, el mismo que le había prometido nunca llegar a ese momento, a quitarle la vida, estaba llevando a cabo la más horrible traición.

Cada paso por el largo y oscuro pasillo dolía como una puñalada. La mente del exgeneral Arnaldo Ochoa Sánchez no podía procesar lo que estaba pasando mientras trataba de gritar órdenes a un grupo de hombres que ya no le harían caso.

Afuera de la prisión esperaba una camioneta militar con el motor encendido. Lo metieron con un guardia a cada lado y de inmediato el vehículo arrancó a toda prisa.

Nadie quería que ese momento durara más de lo necesario.

Ochoa intentó una vez más convencer a los militares, que antes le juraban el más alto respeto, para que le ayudarán a salvar su vida.

- Delgado, yo conozco a su familia. Usted me presentó a su esposa e hijos en una celebración del aniversario de la Revolución el año pasado - dijo buscando simpatía.

El capitán Delgado, quien estaba al volante, había olvidado por completo ese evento y sintió aún más remordimiento. Pero se sumió más en su silencio. Estaba cumpliendo órdenes de su Comandante, y esas eran palabras sagradas.

Cuando llegaron al lugar designado para llevar a cabo la sentencia, Ochoa se dio cuenta que ya no había vuelta atrás. En una celda pequeña, a un costado de la entrada, reconoció a sus colegas Antonio de la Guardia, coronel del Ejército, al Mayor Amado Padrón, su mano derecha por muchos años y al Capitán Jorge Martínez, ayudante de Ochoa y el hombre acusado de haberse entrevistado con el mismísimo Pablo Escobar.

Ellos 4, junto a 10 implicados más, fueron los protagonistas de uno de los juicios más famosos de la historia cubana. Los habían acusado, entre otros delitos, del contrabando de más de 6 toneladas de cocaína colombianas hacia los Estados Unidos aprovechando la estructura militar de Cuba y la cercanía con las costas de la Florida. El botín: 3,4 millones de dólares, dinero que nunca fue recuperado, simplemente, porque todas las ganancias del narcotráfico eran controladas y distribuidas por los mismísimos hermanos Castro.

Ochoa se defendió levemente durante el juicio, algo poco característico de su personalidad aguerrida y valiente. Dijo desconocer las actividades de De la Guardia y los otros acusados en lo que se relacionaba al narcotráfico. El proceso judicial, transmitido por televisión, algo extremadamente raro en la era castrista, fue controlado minuciosamente por el comandante supremo, quien estaba escondido detrás de un espejo unidireccional. El condecorado general sabía que cualquier confesión valiente o espontánea que involucrara a los altos mandos del país, podía costarle la vida a él y a toda su familia.

Al final, Ochoa admitió su culpa y se resignó a la posibilidad de ser fusilado por sus delitos. El mismo proceso vivieron los 3 hombres que ahora estaban muy cerca suyo esperando su turno. Al resto de los acusados le dieron diferentes condenas. Uno de ellos era el hermano gemelo del coronel de la Guardia, Patricio, quien recibió 30 años de condena.

Gral. Ochoa durante su juicio

Historiadores y testigos de esta aberrante y triste página de la historia cubana cuentan que Fidel Castro sentía mucha envidia y miedo de perder el poder en manos de un hombre más admirable y mejor preparado como era el General Ochoa.

Desde que regresó triunfante de Angola, se había vuelto una piedra en el zapato del venerado líder caribeño. Además, durante la visita del mandatario soviético Mijaíl Gorbachov a Cuba en abril de 1989, el líder ruso se reunió privadamente con Ochoa, algo que enfureció tremendamente a Fidel Castro, según cuenta la escritora Lissette Bustamante, quien presencio los hechos.

En la mente de Castro, esta reunión representaba una seria amenaza a su liderazgo. El hombre que había sustentado el poder en Cuba por casi 30 año temía que Gorbachov y el héroe de Angola se estaban poniendo de acuerdo para quitarlo del poder y reemplazarlo con Ochoa. Ahora sí, ya tenía una razón clara y definida para deshacerse de su rival.

Así describe ese momento en la historia Norberto Fuentes en su libro "Narcotráfico y Tareas Revolucionarias":

"Ahora sabemos que, durante ese período, Fidel Castro comisionaba repetidas encuestas a través de los llamados Estados de Opinión, que es su medio de palpar la opinión pública cubana, para ver la reacción del pueblo ante esta campaña para destruir a uno de los más prestigiosos y populares oficiales que habían surgido de la revolución. La primera encuesta sorprendió y asustó a Fidel Castro, un 98 por ciento expresó simpatía por Ochoa. Esto lo convenció de la necesidad imprescindible de que el incidente terminara con su ejecución. La ejecución no se llevó a cabo hasta que había bajado lo suficiente el apoyo a Ochoa, aunque, aun así, Fidel tuvo que reconocer al confirmar la pena de muerte que las encuestas revelaban que el pueblo cubano no aprobaba una sanción tan severa.

Era posible especular que, en alguna forma, el General Ochoa estuvo envuelto en una conspiración con los soviéticos. Era sorprendente la pasividad soviética ante el ajusticiamiento de uno de sus mejores aliados dentro de la jerarquía militar cubana, hubiera o no estado conspirando con ellos. En una ocasión, ya desintegrada la URSS, el Sr. Pavlov, que había sido el Subsecretario de Relaciones Exteriores Soviético para América Latina en esa época, contestó con evasivas cuando le hice esa pregunta. Esta hipótesis se basaba en cierta forma en la analogía de esa posibilidad con la acusación que había hecho Eric Honecker, el líder de Alemania Oriental, de que el secretario general Gorbachov había promovido la caída de Ceausescu en Rumanía al alentar una conspiración militar por medio de la GRU, la agencia de inteligencia militar soviética.

Esta hipótesis se asentaba, además, en la versión que había llegado a Radio Martí en aquella época de que el General Ochoa estaba en las etapas iniciales de obtener información sobre lo de las drogas para justificar un golpe militar contra Fidel ante la opinión pública cubana."

Una combinación peligrosísima para los Castro: Ochoa era simpatizante de la perestroika y para colmo tenía una gran influencia entre los militares de la isla. Motivos ya sobraban para eliminarlo. Pero no podía sacarlo solo del camino, Fidel Castro tenía que crear una red criminal mucho más amplia para justificar semejante purga. Por eso fue que los acusados fueron 14 y no solo uno.

Lo que también se supo a través de relatos recogidos de las redes, es que espías cubanos trabajando para los hermanos Castro pudieron grabar conversaciones privadas entre Ochoa, De la Guardia, Padrón y Martínez en donde se los escuchaba decir que el líder cubano ya no servía para hacer su trabajo y que era hora de sacarlo del camino.

Eso sí que es una absoluta verdad. Iliana de la Guardia, hija de Antonio y sobrina de Patricio, le dijo en una oportunidad a la prensa: "Ochoa no se callaba nada. Delante de mí un día, en casa de Patricio, dijo, esto tiene que cambiar, no puede seguir así, este hombre está loco, qué vamos a hacer con el loco."

Todas estas señales de cambio, que también se estaban produciendo en la Unión Soviética, sumados al hecho de que el gobierno norteamericano había abierto una investigación formal para averiguar el nivel de participación del gobierno de Cuba en el narcotráfico, fueron motivos suficientes para llevar a cabo un juicio tan sumario que desde el comienzo del proceso hasta el fusilamiento de los condenados, transcurrió apenas un mes.

Existen teorías de que Ochoa estuvo en proceso de crear sus propios vínculos con Pablo Escobar, porque pensó en la posibilidad de establecer una planta de procesamiento de cocaína en Angola. Quería sacar provecho de las redes de distribución establecidas por el Coronel Tony de la Guardia para traficar las drogas a los Estados Unidos y Europa. Tomando en cuenta que De la Guardia era el encargado de organizar todas las operaciones del narcotráfico para los hermanos Castro, era de asumir que los planes de Ochoa estaban aprobados por los jefes del Cartel. Sin embargo, este plan nunca se llevó a cabo y, por lo tanto, solo se trata de un rumor que anda dando vueltas por el internet.

Esto plantea otro interrogante: ¿fue tal vez Pablo Escobar el que le mandó decir a Fidel que el General Ochoa estaba tratando de negociar con él a sus espaldas? ¿Pudo ese haber sido otro factor que selló el triste destino del condecorado héroe de Angola?

En resumen, eliminar a Ochoa y De la Guardia, dos de sus más "queridos" colaboradores y amigos, era, en la retorcida mente de Fidel Castro, el único camino a tomar para limpiar su imagen y retener el poder en un momento político que estaba cambiando rápida y peligrosamente frente a sus propios ojos. Era "el último sacrificio" para proclamar al mundo su inocencia.

El pelotón de fusilamiento se puso en posición. Eran 5 oficiales de mediano rango que se ofrecieron voluntariamente para llevar a cabo la misión. No les ofrecieron ninguna recompensa, solo la satisfacción perversa de hacer algo bueno para la revolución, para contentar al comandante. En sus manos tenían fusiles rusos con balas aprobadas personalmente por Fidel Castro.

El general Ochoa habría dicho en algún momento después de su juicio que tendría en su mente la cara de su examigo cuando lo pongan frente al paredón. Solo se puede especular lo que pensó, pero las balas penetraron su cuerpo y la oscuridad llegó al fin.

Cuentan testigos que el oficial a cargo de la ejecución se acercó para darle un tiro de gracia en la cabeza. No se sabe si esta es una práctica común de la justicia cubana o si ese fue el mensaje póstumo de Fidel Castro.

Lo único cierto es que el general Arnaldo Ochoa no merecía semejante final.

Una vez que un grupo de soldados removieron el cuerpo sin vida de Ochoa, siguieron los demás condenados. Uno por uno se puso frente al pelotón de fusilamiento que acabó con sus vidas, extinguidos por un capricho de poder que la historia juzgará siempre como cruel e innecesario. Solo para la mente de un sádico dictador, que vivió y murió manchado de la sangre de su pueblo, esta atrocidad fue justificada.

Sus 4 víctimas fatales y todos los demás condenados a prisión cayeron en una trampa ideológica sin salida. Desobedecer a los hermanos Castro era imposible, todo lo que ellos hicieron fue cumplir órdenes, como un buen militar siempre hace. De la misma manera que esos 5 soldados apretaron el gatillo y fueron testigos de cómo 4 vidas se extinguían para siempre, Ochoa, De la Guardia, Martínez y Padrón cumplieron órdenes de un superior.

La historia cubana está llena de ejemplos de cárcel o muerte por desobediencia. Es un país donde, por los últimos 60 años, decir una sola palabra en contra del régimen es equivalente a una condena absurda sin juicio ni abogado defensor. En Cuba ser preso político o por razones ideológicas es más fácil que conseguir jabón para lavar la ropa.

Nada sucede en Cuba sin el conocimiento de los jefes del Cartel de los Castro, mucho menos el paso de 6 toneladas de cocaína, o de las cientos de miles de toneladas que pasaron antes y después. En un país que se caracteriza por tener una de las más complejas redes de espionaje interno, lo que permitió que el pueblo siempre estuviera en pánico a ser metido en la cárcel por hablar mal del gobierno, es imposible pensar que cientos de aviones provenientes de Colombia pasaron por allí sin que llegara a oídos de la cúpula mayor del gobierno.

Además, ¿qué haría un general del ejército con millones de dólares en su poder? ¿Viajar a Europa y comprarse autos caros? Eso es simplemente absurdo en un país cuyos niveles de pobreza son internacionalmente famosos.

Lo mismo sucedió poco tiempo después durante el juicio al ministro del Interior General José Abrahantes. Entre las tantas acusaciones que le presentaron se dijo que realizó compras no autorizadas de vehículos nuevos para el personal bajo su mando. ¿Quién cree que es posible hacer semejante gasto sin que llegue a oídos de Fidel o su hermano?

Nadie.

CAPÍTULO 1

EL ARRESTO EN ALTAMAR

Era una de esas noches en las que todo lo que podía salir mal, estaba saliendo. Lázaro, Manolo, Juan Carlos y Yoel habían pasado el día entero en altamar pretendiendo pescar, porque se les había hecho tarde la noche anterior. Ya amanecía y era muy peligroso ir hacia los Cayos pasando frente a la ciudad de Miami en un barco sospechoso. Por culpa del avión que se había demorado mucho para llegar al punto de entrega, se vieron obligados a esperar a que oscurezca.

Flotaron por 12 horas, expuestos, al aire libre, con 2000 kilos de marihuana en la bodega.

Llegaron las diez de la noche y no dejaba de llover, pero igual decidieron que era el mejor momento para hacer la operación. Pasaron entre una mole de concreto fundida en la piedra, algo conocido como el barco hundido y Cat Key, entraron en la canal que divide el banco de Bahamas y la Península de la Florida, bajo un fuerte aguacero que los hacía navegar casi a ciegas por completo. Las gotas de agua fría se sentían como piedras azotándoles la cara.

- Esto no es normal, tan pronto llegue a Miami voy a ver a mi padrino para que le haga una limpia - le dijo Yoel.

- Yo no soy supersticioso, pero estoy por creer en la maldición del viejo marino - le respondió Lázaro.

Después de más de 3 horas de navegación perdidos no en rumbo, pero si en distancia, y completamente ciegos por la lluvia, sintieron de pronto algo increíble que los heló, pues la lancha se había detenido de pronto.

Un golpe seco. La embarcación se detuvo violentamente. El silencio de la noche se interrumpió con la voz angustiada de Yoel.

- Estamos clavados en un bajo de arena y fango - dijo, con cara de susto mientras se asomaba por la borda con una fosforera en la mano, que se la apagaba enseguida cada vez que la prendía.

Lázaro siempre era el más tranquilo del grupo, el que inyectaba cordura en los demás. Pero esa noche los contratiempos y la lluvia lo habían transformado en una versión muy diferente de él mismo.

- ¡Me cago en el coño de su madre, barco zingado! - gritó con toda su fuerza.

Ellos no podían creer lo que estaban viviendo. Era como una pesadilla, un mal sueño, pero, lamentablemente, era real.

- Estamos clavados en un bajo - dijo de nuevo Yoel.

Lázaro lo miro, recuperó la calma un poco y dijo:

- El asunto es saber dónde estamos, yo estaba seguro de que navegábamos en mar abierto - contestó mirando a su alrededor, en busca de alguna luz o reflejo que lo ubicara.

Recuerden que, en esa época, 1985, no había GPS.

Yoel se dio cuenta enseguida que el error de rumbo que habían cometido pudo haber sido catastrófico, que estaban vivos de milagro.

- Menos mal que no fue una piedra - dijo con cierta timidez, entendiendo lo que implicaban sus palabras.

Lo cierto es que estuvieron a punto de chocar con una piedra y de haber ocurrido ese impacto, a la velocidad que ellos navegaban que eran unas 50 millas por hora, se habrían hecho pedazos.

Sin ir más lejos, muchos recordarán la trágica muerte de José Fernández, el lanzador de los Marlins de apenas 24 años, quien se estrelló contra unas piedras frente a la costa de Miami Beach el 25 de septiembre del 2016. Eso es lo que le pudo haber pasado a Lázaro y Yoel esa noche, casi 3 décadas atrás.

Dejó de llover como por arte de magia y la noche se aclaró por completo. La pregunta que ellos se hacían se la contesto su vista, porque pronto se pudieron ver que habían encallado en medio de la Bahía de Biscayne, frente a la ciudad de

Miami, con todo su esplendor y belleza, con sus grandes edificios en sus propias narices. Se quedaron con la boca abierta.

- Miren donde nos vinimos a encallar con 4000 libras en el buche, de esta no nos salva ni el médico chino - dijo Yoel y agregó - Bueno, señores, hay que luchar por la vida que la muerte está segura. -

- ¿Y qué podemos hacer ahora? - le preguntó Manolo a Lázaro que como capitán tenía que tomar una decisión y rápido.

- La única solución que yo veo es tirar todo lo que traemos al agua para alivianar el peso del bote y sacarlo de aquí - le contestó Lázaro.

- Pero la corriente lo va a arrastrar todo - interrumpió Juan Carlos.

- No, si lo amarramos con la soga del ancla - le respondió Yoel.

- Al quitar peso a la embarcación va a volver a flotar - continuó Lázaro - son solo 80 paquetes, así que si no empezamos rápido este trabajo va a ser eterno. -

- Pero eso va a ser un esfuerzo de titanes - señaló Juan Carlos, asustado.

- De eso no tengas dudas, y lo tenemos que hacer antes del amanecer, recuerda el dicho guajiro que "burro cargado busca vereda", así que manos a la obra chamacos - les ordenó Yoel.

- La luz del día nos va a delatar, ahora es cuando hay que demostrar quiénes somos, la batalla se pierde cuando uno se rinde y nosotros no sabemos rendirnos.

Manolo terminó la idea de Lázaro diciendo:

- Los mejores ni se rinden, ni se retiran nunca. -

Sacaban los paquetes y los tiraban al agua amarrados con la soga del ancla, uno a uno. Ya con todo en el agua, Manolo y Juan Carlos aguantaron el cabo a contracorriente.

Por regla física, la embarcación libre 4.400 libras de peso, 4.000 de mercancía y 400 del peso de Manolo y Juan Carlos, volvió a flotar. La colocaron en el canal, y como habían dicho, fue un trabajo de titanes volver a subir los paquetes. Ya no pesaba 50 libras cada uno, ahora eran 70, sumando el agua del mar que entró en los paquetes por culpa del tiempo que estuvieron sumergidos.

Cuando terminaron, el astro rey había salido por el oriente, formando una bella aurora para todo el mundo, menos para ellos.

- ¿Y qué vamos a hacer ahora? Porque ya amaneció - dijo Juan Carlos, el más joven de todos, quien a pesar de su falta de experiencia mantuvo el aplomo en todo momento.

El sol seguía dando su espectáculo matutino, asomaba la cabeza sobre la línea del horizonte entregando otro hermoso amanecer, un espectáculo único digno de disfrutar, en otras circunstancias más favorables.

- Mira que amanecer más hermoso, que razón tenía Martí cuando dijo en una de sus poesías, que el conde tenía su abolengo y la aurora tenía el mendigo - dijo Lázaro tratando de esconder su agotamiento físico y mental.

- No, por favor, no, ahora poesías no, que el horno no está para galleticas ni la manteca para chicharrones - dijo Yoel.

Manolo tomó la palabra para aliviar las tensiones:

- ¿Que le podemos hacer? Nunca lo vamos a cambiar, yo creo que a Lázaro le gusta la historia y la poesía más que las mujeres -

Con la rapidez de un relámpago Lázaro respondió:

- De eso nada socio, más que las mujeres, no me gusta nada.

Y agregó: - A esta hora ya no podemos entrar en el hueco de los amarrados, algo tenemos que hacer porque en media hora salen los pescadores y siempre hay un chivato entre ellos. Puede llamar por el radio a la Patrulla Marina y la cosa se va a poner muy fea. Vamos a salir al canal a hacer tiempo en lo que llegue la noche.

Diciendo y haciendo salieron al canal unas 10 o 12 millas lejos de la costa, dentro de la corriente del Golfo de México que corre a razón de 5 millas, de sur a norte, hasta Inglaterra a través del océano Atlántico.

- Aquí nos puede detectar el radar que tiene en Miami - le advirtió Manolo.

- Yo lo sé, pero no hay otro lugar mejor, aquí tenemos que esperar la noche. - aclaró Lázaro, haciendo un gesto de calma con las manos.

- Cuando no te toca, aunque te quites, y cuando te toca, aunque te pongas - sentenció Yoel, oyendo el silencio del mar Caribe, mar navegado durante siglos por piratas y contrabandistas.

Para no perder la costumbre Lázaro tomó la palabra:

- Señores para romper la tensión pónganse cómodos y escuches que quieran o no quiera, y como aquí no hay para dónde correr, van a tener que oír una poesía del Martín Fierro, de José Hernández, una poesía gaucha que a mí me gusta mucho:

Pido a los santos de cielo, que ayuden mi pensamiento,
Les pido en este momento, que voy a contar mi historia
Que refresquen mi memoria y aclaren mi entendimiento
Vengan santos milagrosos, vengan todos en mi ayuda
Que la lengua se me en nuda, y se me turba la vista
Le pido a Dios que me asista, en esta ocasión tan ruda.

- Bueno, ¿y qué podemos hacer con la poesía a esta hora? - le preguntó Manolo.

- Ahora no podemos hacer nada, pero yo la voy a poner en mi libro cuando pueda contar toda esta increíble aventura - le respondió Lázaro.

Aquel 17 de diciembre de 1982 era el día de San Lázaro, un santo muy venerado para los cubanos, que siempre creyeron en él por encima de ideas políticas, y aún lo siguen venerando con mucha fe y esperanza.

Pero la esperanza de que ese día fuera mejor se desvaneció cuando se dieron cuenta que la corriente desvió la lancha muchas millas al norte, hasta Boca Ratón.

La deriva fue mucho más de lo que Lázaro había calculado, el día fue terrible, pero como el tiempo no se detiene, llegó la noche otra vez, una noche oscura y fría, una noche en la que rompía un norte.

Ya con todo oscuro, Lázaro le ordenó a Yoel:

- Flecha arranca los motores y pon rumbo sur vamos a ir costeando hasta Cayo Largo, es hora de pegarse al toro - Yoel obedeció la orden de Lázaro.

Empezaron a navegar a 3500 vueltas, a 7 millas al oeste de la costa. De nuevo la lluvia arreció con una fuerza increíble y no les quedó más remedio que navegar a ciegas, la maldición del viejo marino había aparecido una vez más con una lluvia copiosa y fría. Manolo y Juan Carlos se abrigaron en la cabina y solo quedaron fuera Yoel, al timón, y Lázaro, junto a él.

- Agua por arriba y agua por abajo - le gritó Yoel a su amigo y compañero mientras sostenía el timón. Piloto y copiloto mojados como pollos, chorreando agua, ya casi resignados a su mala suerte.

En aquel instante, el hada de la fortuna que los había acompañado siempre los abandonó, Lázaro sintió una luz en la nuca. En una milésima de segundo se dio cuenta que su vida estaba a punto de cambiar para siempre.

Se dio vuelta y vio las 2 lanchas del servicio de Guardacostas, acercándose rápidamente, una a cada lado de su embarcación.

De su garganta salió un grito ahogado y logró pronunciar unas palabras:

- Dale cuero al caballo, quema el tenis que están detrás de nosotros, baja los mandos hasta la tabla.

- ¿Qué rumbo pongo? - preguntó Yoel sin atreverse a mirar.

- Pon rumbo este vamos para las Bahamas, esta lancha a 70 millas por hora no la para nadie - dijo Lázaro.

- Mira por la derecha viene otra lancha rápida de la policía, como una bala rumbo a nosotros.

De la lancha de los aduaneros usando una bocina les dijeron:

- Capitán, capitán, somos del servicio de aduanas de los Estados Unidos, detenga la lancha de inmediato.

- No le hagas caso y sigue corriendo - le dijo Lázaro mientras les gritaba a sus perseguidores: "no spic inglish, no spic inglish".

De repente sintió como todos sus miedos se habían hecho realidad. El sonido de las aspas de un helicóptero comenzó a sentirse encima de ellos. Lázaro sabía que ahora no había escapatoria, si algo podía detenerlos era ese magnífico pájaro armado.

- Ya tenemos sobre nosotros el helicóptero de los guardacostas - grito Yoel.

- Somos de los guardacostas de los Estados Unidos, deténgase de inmediato. - se oyó a la distancia desde uno de los botes que los perseguía.

Yoel había doblado hacia la derecha buscando la única escapatoria posible: entrar a las aguas internacionales de las Bahamas. No era la primera vez que los perseguían las autoridades y las veces anteriores pudieron escapar. Pero a diferencia de hoy, esas veces no había un helicóptero involucrado en la persecución.

Los motores de la lancha rugían con bravura, entonces comenzaron a oírse golpes secos, en ráfagas. Les estaban disparando desde el helicóptero.

- Le están tirando a los motores - dijo Lázaro.

- Ya les dieron a los dos, no tengo presión. Lo siento, hermano, ya no hay más nada que hacer. - dijo Yoel mientras levantaba las manos, un claro gesto de rendición para que las balas se detengan.

Los demás tripulantes hicieron lo mismo, esperaron a las autoridades con las manos arriba. Seis uniformados, visiblemente molestos, abordaron la embarcación, pusieron a todos las esposas y los sentaron junto a los motores.

Triste y muy cansado Yoel les dijo a sus compañeros:

- No se preocupen, señores, que ahora vamos a tener 3 comidas calientes y de buena calidad, una buena cama y asistencia médica general, lo que muchos en este mundo quisieran tener.

- Pero no vamos a tener lo más importante, no vamos a tener libertad - le dijo Manolo.

- No se puede tener todo - le contestó Yoel y todo el grupo se echó a reír.

- Si hermano esa es la verdad, a Dios lo que es de Dios, y al César lo que es del César - les dijo Manolo.

Esta era la primera vez que cualquiera de los cuatro caía en manos de la ley. Por suerte el cargamento que llevaban venía con premio: los dueños de la mercadería habían acordado con ellos que les pagarían la fianza y el costo del abogado a cambio una rebaja en el precio del transporte. En vez de cobrarle $100 por libra transportada, Lázaro y Yoel le cobraron solo $80. Todo el grupo iba a salir bajo fianza hasta que comience el juicio, por eso estaban relativamente tranquilos cuando, esposados, los subieron a la patrulla del Guardacostas con destino a la cárcel.

Los cuatro fueron conducidos al Servicio de Aduana, donde les hicieron preguntas, en especial a Juan Carlos. Sobre él hicieron una presión especial, porque como era más joven pensaron que se aflojaría, pero se equivocaron.

Juan Carlos se portó muy elegante, los demás no abrieron la boca ni para bostezar, se limitaron a dar sus datos generales: nombre, fecha de nacimiento y dirección. Todos sabían que pronto tendrían un abogado de su parte y eso los tranquilizaba. Aunque también conocían muy bien cómo operaban los investigadores, pero esta vez no hubo inconvenientes.

Un poco más tarde fueron entregados a los US Marshall, y en la mañana se presentaron frente a un magistrado federal de los Estados Unidos e instruidos de cargos por los delitos de posesión y conspiración para distribuir sustancias controladas. La fianza se fijó en 100 mil dólares por cada uno, y de allí se los llevó a la prisión federal de Miami en la avenida 137 y la calle 160 del SW.

Ya sentados tranquilamente en su celda, Yoel le dijo a Lázaro:

- Le van a hacer presión a Juan Carlos para que digan quiénes son los dueños de la mercancía.

- No te preocupes que Juan Carlos no le va a decir nada, él tiene carácter y además esto es yerba y por la yerba te dan meses, y por unos meses no se afloja nadie. Si fueran 30 años, otro gallo cantaría.

Ya muy cansados, hicieron algo que no habían podido lograr en 3 días: se acostaron a dormir, y en menos de 5 minutos el sueño y el cansancio los transportó al reino de Morfeo, sin escalas.

Al siguiente día recibieron la visita del abogado A. Portela, quien les dijo:

- Nosotros podemos poner una moción para que le bajen la fianza, pero el viejo no quiere esperar, él nos ha dicho que eso no es lo que se pactó. El los quiere a ustedes mañana fuera, hoy debe de venir el hombre de la fianza para sacarlos, alrededor de las 4 de la tarde. Por favor tengan paciencia. -

Cuando el abogado dejó la celda, Yoel le dijo a Lázaro:

- Hemos hecho muy bien en negociar el 80 por ciento, estos abogados parecen buenos y los de la fianza tienen resto.

Esa noche, en la oficina de la fianza, los esperaba el viejo Pedro, quien había volado en la avioneta de Alberto para traerle un regalito.

- Bueno, muchachos le he traído un regalo de 10 mil dólares para que pasen Navidad, pero también les quiero preguntar - Lázaro lo interrumpió y le dijo:

- No tiene que preguntar nada Pedro, lo que queda allá lo tenemos que traer para acá, vamos a esperar que pase diciembre y en enero volvemos a la carga, puede que con más suerte.

Lázaro llegó a su casa, abrazó a su esposa y a sus hijos, y una vez más recordó porque hacía lo que hacía.

- ¿Cómo salieron las cosas? - le preguntó ella.

- Salieron bien - dijo con brevedad.

- ¡Pero sí estuvieron presos! - le dijo ella, sorprendida por la respuesta de su esposo.

- ¿No me ves aquí, amor? Estoy vivo y coleando - le contestó Lázaro.

Descansó unas horas y al día siguiente, muy temprano, salió en su otra lancha a buscar 15.000 libras de marihuana que se habían quedado estancadas en las Bahamas.

En su nueva danza con las olas y el destino, recordó un pasaje de "El viejo y el mar", su obra favorita de Ernest Hemingway:

"El hombre no está hecho para la derrota; un hombre puede ser destruido, pero no derrotado."

CAPÍTULO 2

DINERO RÁPIDO, PERO NO FÁCIL

Aquella mañana, Yoel y Lázaro esperaban sentados en el muelle de la marina de Crandon Park la llegada del enviado especial y hombre de confianza de los hermanos Murillo, los dueños del trabajo que tenían que hacer aquel día.

Del otro lado del agua se erigía, majestuosa, la ciudad de Miami, vibrante, llena de vida y calor. Pero ese paisaje para estos dos hombres era invisible. Habían estado tanto tiempo en esas costas que perdieron la capacidad de asombro que siente mucha gente cuando mira ese espectáculo arquitectónico de cemento e hispanidad. Es lo mismo que le sucede a un oficinista cuando pasa 8 horas todos los días frente a una ventana con vista al mar, llega un momento en que el paisaje ya no registra ni una emoción en su mente.

El trabajo de ese día para estos dos "oficinistas" consistía en encontrar un velero en el faro del Canal del Norte, un lugar donde el banco de las Islas Bahamas se encuentra con la lengua del océano Atlántico. Las profundidades de la lengua permiten a los grandes cruceros visitar la isla de Nueva Providencia, donde se encuentra la ciudad de Nassau, la capital de las Islas Bahamas. Yoel y Lázaro, después de encontrar el velero, tenían que traer su carga a la Florida.

Ya llevaban más de media hora esperando, cuando por la entrada del muelle vieron venir a alguien corriendo y haciendo señales con los brazos. Cuando se acortó la distancia se percataron que el que corría a su encuentro era alguien bien conocido. Pero no era quien ellos esperaban.

Corriendo, casi desesperado, como si lo estuviera persiguiendo un perro rabioso, venía Silvio Lugo, un compañero de prisión política en Cuba y amigo de ambos. Había llegado a Estados Unidos a través del Mariel, igual que Lázaro.

- Mira quién viene por el muelle - dijo Yoel y agregó: - ¿Qué hace este personaje a esta hora aquí y corriendo como un loco?

- Yo no me lo puedo imaginar - le respondió Lázaro a su compañero - pero no tiene buena cara, algo raro está pasando.

No tuvieron que esperar mucho para averiguar porque tanta prisa, pues en un momento Silvio llegó junto a ellos, los saludó y les dijo:

- Qué bueno que llegué a tiempo, antes de que ustedes hubieran zarpado. - dijo el recién llegado tratando de recuperar el aliento. - Yo pasé por la casa de Yoel y me dijeron que ustedes habían salido para esta marina porque tenían planes de salir de pesquería hoy, que está corriendo el bonito y vine corriendo y rogando que no se hubieran hecho a la mar.

- ¿Es verdad que está corriendo el bonito? - preguntó Lázaro.

- Claro socio, tú no ves el noticiero de la televisión, todos los canales tienen un espacio dedicado a la pesca, recuerda que Miami es una ciudad del mar - dijo Yoel con una media sonrisa. Luego se dirigió a Silvio y le preguntó:

- ¿Y cuál es tu corre-corre y tu gritería, brother?

- Muchacho tengo un tremendo problemón, - respondió Silvio mientras los colores le volvían a la cara, ya un poco recuperado de la prisa - un tremendo problema.

- Eso no es ninguna novedad, Silvio, problemas tenemos todos - le contestó Lázaro con sarcasmo.

- Sí, pero el mío es tan grande, que me puede costar la cabeza.

- Si te puede costar la cabeza, entonces tu problema es bien grande - le respondió Yoel, ahora preocupado.

- Pero cuéntanos, para ver en que nosotros te podemos ayudar, porque para eso yo estoy seguro de que has venido a vernos, ¿o no es así? - agregó Lázaro, ya hablando muy en serio.

- Sí, tienen la razón - respondió Silvio - y los únicos que me pueden ayudar son ustedes.

- No calientes más el pache y acaba de soltarlo - le dijo Yoel, impaciente.

- Muchachos les cuento que tengo una gatuna en el aire un DC3, cédula comercial número 3, con 1000 libretas de escuela. Y los lancheros que yo había contratado, después de coger el dinero de los gastos, ahora dicen que tienen el equipo roto, y no me pueden hacer el trabajo. Estoy embarcado.

Por el rostro de Silvio corría mucho sudor, pero no se sabía si era por la carrera anterior más el calor de Miami o por el pánico que le daba saber que si no lograba recoger esa carga se iba a meter en tremendo problema.

"Mil libretas de escuela" era, en la jerga de los contrabandistas, mil libras de marihuana, algo menos de 500 kilos.

- ¿Y por qué no viniste a vernos primero? - le preguntó Yoel, y Lázaro casi no lo dejó terminar, le dio la respuesta que todos conocían:

- Nosotros somos muy caros hermano, yo estoy seguro de que son Mickey Mouse, que el contrato era mucho más barato.

- No te voy a mentir, tienes la razón, por eso el refrán no falla y dicen que lo barato sale caro, mira en lo que estoy metido ahora - dijo Silvio con los ojos bien abiertos, como rogando una respuesta positiva.

- Tu problema es de verdad bien grande, porque nosotros tenemos un compromiso para hoy, y nos encontraste aquí por pura casualidad. - explicó Lázaro. - Estamos aquí esperando por el enviado especial de nuestro cliente, que al parecer se le han pegado las sábanas y se nos ha quedado dormido, y no ha llegado aún, pues a esta hora nosotros ya deberíamos estar pescando bonito.

- Pero si no es indiscreción, ¿por cuántas van ustedes esta vez? -le preguntó Silvio.

Yoel contestó: - Vamos por 2000 libretas de tu misma escuela.

- Este caballo puede con 6000 libretas - dijo Silvio y agregó: - Recuerden que estoy poniendo en sus manos mi vida, y ustedes saben que tengo familia, esposa, e hijos pequeños.

- No dramatices hermano que me voy a poner a llorar - dijo Yoel tratando de suavizar las emociones del momento, y dirigiéndose a Lázaro, le preguntó: - ¿Qué tú crees de este caso, tú crees que podemos romper el rico hoy? Porque de verdad Silvio tiene mucha razón, y el caballo la puede llevar, ¿al caballo le caben más de 6000 libretas?

Lázaro cuando decía el caballo, se refería a una Mira de 37 pies, con potentes motores Mercury, de 370 caballos, que estaba amarrada en el muelle, que era su herramienta de trabajo.

- Pero no hay problema de espacio de carga, es problema de tiempo y lugar - aclaró Lázaro. - Y además que Manolo y Rosendo nos esperen de nuevo para cargar 2000 libretas, y no podemos aparecernos con 5000.

- Sí, pero podemos dejar clavadas en el monte parte del trabajo y bueno, lo que pongamos en el camión de la pescadería.

Silvio escuchaba esta charla de los dos amigos sin prender una palabra, ni un gesto, con el corazón en la boca. Sabía lo que le podría costar que no se pusieran de acuerdo.

- Está bien - dijo Lázaro finalmente y dirigiéndose a Silvio extendió su mano y agregó: - Bájate con las 4 lucas que dice el libro para los gastos.

El recién llegado sonrió por primera vez esa mañana, aliviado. Luego volvió a ponerse serio, estaban a punto de hablar de dinero, y sobre eso no se bromea.

- Los lancheros me dejaron pelado. Solo me quedan 3000 dólares. Yo no creo que ustedes me dejen morir por una luca. - respondió Silvio pensando en lo que le harían los narcotraficantes colombianos si no completaba la operación como acordaron.

El tráfico de drogas, aunque sea marihuana, siempre se ha relacionado con actos de extrema crueldad, como mensajes a los que están con vida para que nunca se atrevan a traicionar a los cabecillas. La muerte solía ser la mejor opción en esos casos.

- Está bien Silvio - le respondió Lázaro - pero todavía no hemos hablado de lo más importante, ¿cuánto nos vas a pagar?

- ¿Cuánto me van a cobrar? - preguntó Silvio.

- El 25% de la mercancía en la orilla - le contestó Yoel.

- Muchachos, me están pegando a la pared. Si les doy eso, ¡yo no gano nada! - dijo Silvio.

- Puede ser, pero te estamos cobrando una multa por habernos pegado los cuernos con esos hombres - dijo Yoel un poco en broma, pero también muy en serio.

- Mira Silvio, por ser nuestro compañero de la prisión provincial de Pinar del Río te vamos a tirar la toalla, y vamos a cobrarte solo el 20%. - le dijo Lázaro. - Y que no se hable más de dinero. Pero ahora me das la pasta y siéntate aquí a nuestro lado a esperar por el indio, que debe de estar al llegar.

Silvio sacó 3000 dólares en un montón de billetes de 5 y 10, que Lázaro sin contar tiro dentro de un maletín, y dijo:

- Este dinero es dinero de negros, billetes de cinco y de dólar, dinero de venta de barrio, no me digas que estás vendiendo bolsitas.

- No compadre, esto me lo dieron los dueños de la mercancía - le respondió Silvio. Yoel señalando la entrada del muelle dijo:

- Miren señores, por el muelle viene entrando el hombre de los hermanos Murillo.

En efecto, entrando por el muelle, estaba el colombiano, un joven de unos 30 años de edad alto y delgado, de aspecto decente, con un maletín en la mano.

Lázaro comentó: - Miren ustedes el tamaño del maletín que trae Jairo. Él cree que de verdad nosotros vamos de vacaciones a las Islas Bahamas.

- Ellos son así y no los vas a cambiar, y no pierdas el tiempo en decírselo, porque no lo vamos a poder cambiar nunca -le respondió Yoel.

El colombiano llegó junto a ellos y, casi sin decir palabra, todo el grupo abordó la embarcación.

Zafaron los cabos, recogieron las defensas y la lancha se separó del muelle. Silvio y Jairo ocuparon el asiento de popa, junto a los motores, Yoel tomó el timón, y Lázaro se puso junto a él, supervisando todo.

Pasaron por debajo del puente que une el Miami Seaquarium con la marina de Crandon Park, y entraron al mar abierto. Pusieron rumbo Este 90° en el compás de ruta, o brújula, hacia la isla de Bimini, la primera escala de su travesía, lugar donde ellos pensaban almorzar. Irían al pequeño restaurante de la negra mamá, la morena, que unos años antes Pancho les había presentado, con la cual ellos habían hecho una muy buena amistad.

La isla de South Bimini y North Bimini, forma un pequeño archipiélago, y está situada a 50 millas marítimas de Miami, al este de la Península de la Florida, y con una población que no rebasa las diez mil personas, mayormente compuesta por negros, descendientes de esclavos que los ingleses trajeron de África en aquellos tiempos.

En la actualidad las pequeñas islas han crecido mucho. En aquellos tiempos había unos cinco o seis hoteles, 4 o 5 marinas, un par de restaurantes, no más de seis pequeñas discotecas-bares, 5 o 6 tiendecitas, una planta eléctrica, una oficina de aduana, y una pequeña estación de policía, con unos pocos agentes.

Lo más fácil de encontrar en la isla, además de turistas y pescadores, casi todos gringos, eran los contrabandistas, en su mayoría cubanos y colombianos; y su contraparte, los agentes de la ley americanos.

A veces no se sabía quien era quien. De manera encubierta lo espiaban todo. El contrabando de drogas ya estaba en la mira del gobierno de Estados Unidos y conocían las rutas muy bien. Era lógico que tuvieran sus espías en todos lados, intentando siempre descubrir quienes movían más mercancía, como, cuando y a donde.

Por eso era muy importante saber cómo hacerse pasar por turista o pescador. En esa época las Bahamas eran el paraíso para cualquier persona de Miami que le gustaba la pesca, tenía dinero y un bote para poder llegar, ya sea la clase media cubana y gringa, los que practican el divino encanto de la burguesía.

Otro fenómeno que sucedió en esos días fue que el constante acoso por parte de las autoridades yanquis, obligaron a los traficantes a abandonar las Islas y mudarse a México, donde se beneficiaban del fácil acceso a los Estados Unidos. Lejos de erradicar el mal lo terminaron multiplicando, como dicen, 'a río revuelto, ganancia de pescadores". Muchos traficantes que operaban desde las Bahamas se mudaron a México donde sus ganancias se multiplicaron debido al fácil acceso que existe a través de la frontera. La fiebre atrajo a muchos otros en busca de buena fortuna lo que dio lugar a otro problema más grande para los gringos, conocido ahora como "los carteles mexicanos de la droga".

Las Bahamas tenían en los años de 1980 otro problema: la corrupción de las autoridades de las Islas, quienes querían siempre sacar una tajada del pastel. Eso es natural si hay pobreza, por un lado, y mucho dinero por otro. En otras palabras, era un lugar extremadamente caliente y no solo por encontrarse en el Caribe. Había que cuidarse hasta de su propia sombra.

El día estaba soleado y el mar tranquilo, idóneo para atravesar el canal disfrutando de la brisa marina. Solo se cruzaron en toda la navegación un par de buques mercantes.

Ya sobre el mediodía Lázaro, Yoel, Silvio y Jairo, el colombiano, divisaron los pinos de la isla y se dirigieron al canal de entrada. Este espacio de agua corre paralelo a Bimini del Sur, prácticamente dividiendo la isla en dos. Atracaron en el hotel de la marina Big Game, se dirigieron a la oficina de aduana e inmigración, y después de llenar todos los papeles en regla y darle al funcionario del gobierno de las Bahamas cien dólares de propina para que no les hiciera demasiadas preguntas, recibieron el permiso de entrada del bote y de inmigración para ellos cuatro. También les dieron una licencia de pesca deportiva.

Ya todo en regla, se dirigieron al cuchitril o pequeño restaurante de su amiga.

Llegaron al lugar y después del saludo a la morena, se sentaron en unas rústicas mesas del lugar y Yoel le preguntó en español:

- Mamá, ¿qué tenemos hoy para el almuerzo?

- Pollo, carne, arroz, ensalada de papa - la morena le respondió en su mal español aprendido a machetazos durante su trato diario con los lancheros cubanos y sus acompañantes colombianos, la clientela más frecuente.

El colombiano Jairo le preguntó en voz baja a Yoel: - ¿Este es el mejor lugar para almorzar de calidad?

- No es el mejor, pero es el más seguro para nosotros que no venimos aquí de turistas, ni de pescadores submarinos. Sí claro que hay lugares más elegantes y mucho más caros que este, pero mucho más peligrosos. Están llenos de agentes encubiertos de las tres letras, que están aquí para monitorear nuestros pasos, y sobre todo si somos latinos, cubanos y colombianos, porque ellos nos ven a nosotros como ilegales o algo peor.

- ¿Y qué es lo que tú consideras como algo peor que nosotros? - preguntó Jairo en tono de broma.

- Un político, por ejemplo - le respondió Yoel sonriendo - pero no te hagas el bobo, que tú sabes bien a lo que yo me refiero, y lo más cómico es que no estás lejos de tener la razón.

- Además, - interrumpió Mamá con aire haber escuchado sin querer y demostrando que había aprendido bastante español - yo cocino muy sabroso, y creo que cobro la mitad de lo que tendrían que pagar en otro lugar.

- Ya ves Jairo -le respondió Silvio al colombiano - tu malcriadez ha herido los sentimientos de nuestra amiga, y además en eso, Mamá tiene toda la razón, pues deja que prueben la comida de ella para que te des cuenta de lo que nosotros te decimos. -

- Yo no digo que mamá no cocine bien, pero estoy cansado de comer carne y pollo, que es lo que siempre como en Miami. Hoy quiero comer otra cosa.

- ¿Qué quieres comer, Jairo? -le preguntó Yoel, y el colombiano no se hizo esperar ni lento, ni perezoso, le dijo: - Quiero comer una jalea de mariscos, con langostas y pescado.

Lázaro miro a Mamá con cierta ternura y un poco de remordimiento por los precios bajos y le dijo: - Mamá prepara un plato de mariscos con todos los hierros que sea posible.

- Claro que es posible, solo que va a demorar un poco más de tiempo -le respondió la negra.

- ¿Y cuánto tiempo más? -le preguntó Silvio preocupado por su DC3, volando con sus 3000 libretas dentro.

- Como una hora más o menos -le dijo la negra Mamá.

- Está bien -le dijo Yoel, - tenemos tiempo. - y volviendo la mirada hacia Silvio le pregunto: - ¿Tu trabajo es entre las dos luces?

Para los contrabandistas entre las dos luces significa que estaba cayendo la tarde, hora del crepúsculo. Cada gremio tiene la manera de decir sus cosas.

- Sí, lo mío es entre las dos luces, pero recuerda que aún tenemos que llegar al punto. - le respondió Silvio.

- Dame el papel con los números - le pidió Lázaro.

Silvio le entregó un billete de dólar con unos números escritos en pluma, que Lázaro leyó y después le dijo: - No es que nos sobre el tiempo, pero si podemos comprar y después llegar al lugar, primero que tu pájaro.

La negra Mamá fue a dar la orden para hacer la mariscada y cuando regresó Lázaro, la llamó y le preguntó:

- Negrita no nos has dicho, ¿cómo anda la isla en estos días?

- Está muy caliente. Tenemos gente que nació aquí, pues parece que están esperando algo grande de lo que ustedes saben, que se está poniendo de moda. Yo creo que alguien les ha dado un buen pitazo - le respondió Mamá.

- ¿Y qué es lo que se está poniendo de moda? - le preguntó Silvio, que no perdía una palabra de la conversación.

- Usted bien sabe - le dijo la negra - Blancanieves con los siete enanitos. Y les pido que ustedes anden con mucho cuidado, y al regreso pasen lo más lejos posible de las islas. Aléjense todo lo que puedan de los negros de Nassau, son muy peligrosos. No sea que les den buen susto.

- Gracias, mamá - le dijo Lázaro y se fue a ayudar a preparar la jalea de marisco que al colombiano Jairo se le había antojado comer.

- ¿Tienen mucha confianza ustedes con ella? -le preguntó Jairo.

- Si hace mucho tiempo un buen amigo nos la presentó, y él nos contó que ella tiene un hijo preso en los Estados Unidos. Y está convencida que el muchacho no hizo nada, que le fabricaron un caso para quitarle tiempo a un capó de tu país - le respondió Yoel.

- ¿Y cómo los gringos pueden hacer eso? - preguntó Jairo.

- Es muy fácil - se apresuró a responder Lázaro - alguien le preparó una trampa al muchacho, como 1 kg de perico y alertó a las autoridades de los Estados Unidos. Y por esa colaboración le dan al infame una reducción de la condena.

- Pero eso no es justo, eso es inmoral - respondió Jairo con un poco de miedo en su rostro.

- Y quién te ha dicho que la humanidad es buena, que los hombres son justos, y las mujeres son agradecidas - le respondió Yoel.

- ¿Y de quién es el pensamiento? - preguntó Jairo.

Lázaro le dijo: - Es que Yoel no respeta ni a la foto, porque ese pensamiento más o menos es de José Martí, pero el pensamiento verdadero es: Hay que pensar que la humanidad es buena, que los hombres son justos, y que la patria es agradecida

Yoel tomó la palabra: - Hace mucho tiempo un buen amigo, que por desgracia ya no está entre nosotros, nos la presentó. Y él mismo nos contó que mamá tiene un hijo preso, en la prisión federal de los Estados Unidos, pues lo cogieron en el aeropuerto de Miami, con 1 kg de ello, y le dieron 5 años de condena. Por eso es que los gringos no son santos de su devoción. Ella es madre al fin y los hijos nacen perdonados. Ella dice que a su negrito le pusieron una trampa. Yo creo que inocente, como inocente, no es, porque él debía saber lo que le estaba haciendo, pero venir aquí a la isla y proponerle a alguien un negocio y sabiendo que ese alguien es un hombre pobre, y después esperarlo en Miami, meterlo preso, y darle cinco años de prisión, yo no sé qué decirte. Yo creo que es una injusticia y para ella es más injusticia, porque ella es la madre. Fíjate si ella lo ve como una injusticia que aquí no hay ningún rubio almorzando. Este cuchitril es exclusivo para gente del gremio. -

Los cuatro hombres siguieron conversando de varios temas hasta que la ayudante de Mamá vino con el plato especial de pescado y marisco, que tenía langostas, cobo, camarones, calamares, pulpos; en fin, todas las delicias del mar acompañadas con una rica ensalada de papas, con mucha pimienta negra, al más puro estilo bahameño.

Todo el grupo comió rápidamente. Al final Yoel dejó un billete de 100 dólares sobre la mesa. Jairo sorprendido le preguntó:

- ¿Y ese plato de mariscos vale tanto dinero?

- No amigo - dijo Lázaro y lanzó una carcajada. - ¿De dónde sacaron los Murillo a esta criatura tan ingenua? El plato de marisco vale 50 dólares, los otros 50 dólares son por la información, pero todavía falta la propina que se le van a dejar. Tú dejas los billetes sobre la mesa para que la negra te conozca y tome confianza en ti, pues no te olvides que con dinero se gana la confianza de las mujeres. Y Mamá es una mujer, no es una excepción de la regla.

Jairo, en contra de sus deseos, sacó del bolsillo un billete de 20 dólares y lo dejó sobre la mesa, repleta de platos sucios, espinas de pescado y cabezas de langosta vacías.

Después se despidieron de mamá y salieron para el muelle caminando muy despacio por culpa de la somnolencia, producto de la llenura de todo lo que habían comido.

Al llegar a la lancha junto al muelle, Lázaro le preguntó al muchacho a cargo de la bomba de gasolina:

- Johnny, ya le echaste combustible al equipo?

El joven le respondió: - Sí, son $180 el total. -

Lázaro le dio dos billetes de 100 dólares y le dijo:

- Quédate con el cambio y muchas gracias.

- ¿Por qué tanto dinero de propina? - preguntó de nuevo Jairo, que ya rayaba en la impertinencia.

- La gasolina aquí es a 3 dólares el galón y el resto de propina - le dijo Yoel.

- Está bien -le dijo el colombiano, y agregó: - Pero no me digas ahora que le deje también $20 de propina al moyetito.

- Aunque tú no lo creas, es para que te vaya conociendo, por si algún día vuelves a pasar por aquí -le dijo Lázaro.

- Por lo que yo veo que en estas Islas hay que pagar hasta la risa - agregó Jairo con tono resignado.

- No solamente aquí mi amigo, en todas partes es igual y todo el mundo sabe aquí lo que nosotros venimos a hacer en estas Islas, el silencio tiene su precio y hay que pagarlo - reflexiono Lázaro mientras se dirigía hacia el bote.

Una vez todos a bordo, con la ayuda del negrito soltaron los cabos y tomaron el canal de salida de nuevo, paralelo a la isla de Bimini Sur, hasta alcanzar la punta de la isla. De allí pusieron rumbo al barco hundido, donde, como siempre, encontrarían fanáticos de la pesca submarina. En 20 minutos pasaron junto a la gran estructura de cemento anclada en la arena.

Muchos años antes un barco se había hundido, víctima de algún huracán que, durante los meses entre agosto y octubre, azotan al Mar Caribe; y en efecto, junto al barco hundido había dos veleros y dos yates y varios pescadores en el agua. Y sobre la embarcación desplegadas las banderas roja y blanca que alertan la presencia en el agua de hombres pescando.

- ¿Por qué no aprovechamos y nos tiramos a pescar? - dijo Yoel.

- Para ver qué cara pone Silvio, - y agregó: - con suerte pesquemos algo y hacemos tiempo, solo son las 3 de la tarde.

- No sé - respondió Lázaro - pero me parece que tú quieres matar a Silvio de los nervios. Mejor pescamos en el punto, por si las moscas, y esperamos allí. -

Después Lázaro se dirigió a Silvio y le dijo: - Hermano dame de nuevo tus números. Dame la latitud y la longitud del trabajo. -

Silvio sacó de su bolsillo un billete de a dólar que tenía escrito unos números y se lo entregó a Lázaro.

- 24,42,00 latitud norte, 78,18,00 longitud oeste. Está bien, en 40 minutos estamos ahí, en ese punto que está escrito en el billete. - dijo Lázaro haciendo alarde de su enorme conocimiento de la zona, así como también de las coordenadas.

Yoel puso 180° en el compás de navegación y salieron como un rayo a 3500 revoluciones por minuto. La lancha voló entre las olas impulsada por los dos motores de 330 caballos de fuerza, alcanzaron pronto las 50 millas por hora de velocidad.

La lancha navegaba sobre el Banco de las Bahamas al encuentro del DC 3, que era la aeronave que Silvio debía esperar y que le dejaría caer en el agua las 3000 libretas.

Yoel al timón y Lázaro a su lado, y Jairo y Silvio en el asiento junto a los motores; Yoel y Lázaro entonaron una vieja canción española.

> *"Con diez cañones por banda,*
> *viento en popa a toda vela,*
> *no corta el mar, sino vuela*
> *un velero bergantín..."*

En 40 minutos la lancha y sus tripulantes estuvieron en el punto de encuentro. Y Silvio, por primera vez aquel día, pudo respirar tranquilo.

- Muchachos tiren el ancla que estoy loco por ponerme a pescar - les dijo Yoel.

Lázaro reaccionó de inmediato y dijo: - Mejor no tiremos ningún ancla y nos quedamos al par, por si hay que salir corriendo, no perder el ancla, la cadena, y un buen pedazo de cabo.

Así es como funciona la mente de un contrabandista, siempre atento a la llegada de la ley.

- Perfecto, al par podemos pescar al cordel - dijo el colombiano.

- Podemos coger algunos buenos pargos y chernas. - Y le preguntó a Lázaro: - ¿Ustedes trajeron algunos avíos de pesca?

- Claro que nosotros siempre los traemos. Además, traemos carnada y dos cubos de engo. Recuerden el refrán: "sin engo ni carnada, no se pesca nada" - respondió Lázaro.

Además, portar elementos de pesca siempre era necesario para no levantar sospecha, era parte del disfraz, cuando se acercaban las patrullas del Guardacostas.

Yoel y Jairo se sentaron sobre la cabina de la lancha, a disfrutar del deporte favorito de Yoel, la pesquería del cordel. Lázaro y Silvio se sentaron junto a los motores y de repente Lázaro preguntó:

- Socio cuéntame la verdadera historia en la que tú fuiste participante, porque hay muchas versiones de ella y todas son contradictorias.

- ¿De qué historia tú me hablas, hermano? Si hablamos de historias, yo en particular he participado en muchas y todas tienen versiones contradictorias.

- No te hagas el bobo ni el chivo con tontera que tú sabes sobre qué historia te estoy hablando. Te estoy hablando de aquel viaje a Nueva York en el que tú acompañaste a Aracel, el gordo, y a Julito, el paisa. Y que les costó la vida a los dos, eran amigos tuyos y míos también. Tu fuiste con ellos y sabes la verdad.

Silvio se puso serio.

- Yo de eso no prefiero hablar. Eso pasó hace mucho tiempo y me trae muchos malos recuerdos. Además, es muy peligroso hablar de eso.

Hizo una pausa y miró el horizonte, como si buscara una respuesta en la inmensidad del mar. Continuó.

- Pero ahora estoy en deuda contigo por este favor que me estás haciendo, y voy a hacer una excepción y te voy a complacer; y vas a recibir la versión real del único superviviente del problema, la versión de uno de sus protagonistas.

CAPITULO 3

LA MUERTE DE ARACEL, EL GORDO, Y JULITO, EL PAISA

Silvio se acomodó en el borde de la lancha y sintió que en su cuerpo corría una electricidad muy antigua. Los rostros de sus dos amigos le vinieron a la mente. Los recordó con pena, pero también sintiendo que no fue su culpa el destino que ambos corrieron. Sabía perfectamente que, por milagro, no murieron los 3. Alguien tenía que contar la historia, le tocó a él.

- Hace algunos años nosotros tres, Aracel el gordo, Julito el paisa, y yo estábamos recién llegados a los Estados Unidos y solos. Tú no tuviste esa situación porque tú viniste a este país con tu esposa y tus hijos, pero es del carajo estar solo en un país en que ni siquiera hablas el idioma. Un país frío y quizás un poco materialista.

- Un poco, yo diría que mucho - le contestó Lázaro.

- No me interrumpas y déjame continuar. Nosotros tres, Julito, Aracel y yo habíamos alquilado un pequeño apartamento en la Pequeña Habana. Te digo entre los tres para poder pagar el alquiler, para poder tener un techo sobre nuestras cabezas y una cocina para preparar algo de comer. Y ahí tratamos de sobrevivir como pudiéramos. Hacíamos el trabajo que fuera, construcción, mecánica, chapistería, lo que viniera, pero en realidad nos estábamos comiendo a Nicolás por una pata, nos estábamos comiendo tremendo cable, y a veces ni cable teníamos para comer. Para no morirnos de aburrimiento, tristeza y soledad, empezamos a visitar un bar, que yo creo que todavía está ahí en la Calle 7 del North West esquina con la 24 Avenida. El bar es Quisqueya, propiedad de un dominicano llamado Pedro y ahí conocimos a un colombiano que decía llamarse Henry.

- Para combatir la tristeza y la soledad fueron a dar a un bar -le reprochó Lázaro y agregó-: ¿Por qué no fueron a una iglesia?

- No me critiques mi hermano y mejor compréndeme que tú tampoco eres ningún santo, porque si tú fueras un santo ahora no estuviéramos aquí y estuviéramos en una iglesia. Déjame continuar, si ya me perdiste en la historia, déjame hacerla - dijo Silvio con tono nervioso, como si el pasado le estuviera jugando una mala broma.

- Es verdad, pero nosotros los seres humanos somos propensos a ver la paja en el ojo ajeno y no la viga en el propio. Es verdad que los bandidos no van a la iglesia hasta que la vida no les pasa por arriba y entonces comprenden y se arrepienten. Ojalá para nosotros no sea demasiado tarde -le dijo Lázaro. Y agregó-: Está bien Silvio, continúa tu historia.

- Como te he dicho en ese vicio y prostitución llamado el Quisqueya, todo lo que se reunía eran metralla, y aquí conocimos como ya te he dicho a un tal Henry. Y entre tragos y pases de perico entablamos cierta amistad o complicidad, porque en esos lugares es raro encontrar un amigo, pero es de esperar encontrar un cómplice.

Silvio se detuvo y le dijo a Lázaro -: Espera un momento y déjame poner a funcionar el radio de 2 metros, por si el aparato nos llama, estar alerta, porque ya es hora y él debe de estar por llegar a la zona, bueno si no ha tenido alguna novedad.

Silvio se puso de pie y fue a la cabina de la lancha. Entró en ella y trajo un pequeño maletín de dónde sacó un radio de mano de 2 metros con cristales para evitar la interferencia. Ya para esa época los radios de 2 metros habían sustituido a los azules para comunicarse con los aviones desde las lanchas o desde la tierra. También sacó del maletín un farol rotatorio de una luz color roja, de baterías y lo colocó sobre la consola de la embarcación. Regresó y se sentó de nuevo junto a Lázaro y le dijo:

- Espero que tengamos suerte hoy, ¿y el aparato, y bien?

Como un rayo, Lázaro le respondió: - Yo espero que tú no nos hayas hecho venir hoy aquí, por gusto. -

- ¿Qué tú quieres? Tú bien sabes cómo es este negocio, con pistas de tierra alumbrada con mechones de petróleo y pilotos gringos borrachos. Cualquier cosa puede pasar, tú sabes que se caen los aviones comerciales con pistas de asfalto bien alumbradas y con buen combustible, ¿qué tú esperas con nuestros equipos? Tú has ido a Colombia y has visto con tus ojos cómo es aquello allá -le respondió Silvio.

- Si de verdad que yo he tenido que vivir esa experiencia -le respondió Lázaro.

- Los aviones en los que se traquetea, regularmente están parqueados en la isla de Aruba o Curazao. Desde allí vuelan a Colombia y tienen que aterrizar en medio de la noche en pistas de tierra, alumbradas con mechones de estopa y petróleo; y, además, de recoger la carga, que tú sabes de qué se trata, muchas veces gasolina contaminada con agua. En ese trabajo de los pilotos que más del 50% no pueden cobrar porque se cae el trabajo o se lo roban. Y a eso le dicen dinero fácil, puede ser que sea dinero rápido, pero fácil, no lo es - le dijo Silvio.

- De fácil no tiene nada - corroboró Lázaro y agregó: - Yo he perdido ya en este negocio varios compañeros pilotos, Facenda e Ibarras, dos pilotos cubanos, y un libanés. Además, un muy buen amigo, Mario el barbudo, que se mató porque levantando vuelo se le corrió la carga, un buen hombre con mujer y tres hijos, pero volvamos al tema de nuestra conversación.

- Bueno te continúo contando, este individuo el tal Henry nos comentó que alguien le debía dos millones de dólares provenientes de un negocio en la ciudad de Nueva York, la Gran Manzana. Y que se estaba haciendo el bobo y renegón para pagar el dinero. Henry nos dijo que buscaba a alguien con el suficiente valor para ir a Nueva York a cobrar. Ofrecía 300.000 pesos de recompensa, y tú sabes, decirnos eso a nosotros, tres locos que se estaban muriendo de hambre, es cómo enseñarle a un león un conejo. Ponte en nuestro lugar, solos, sin familia y comiéndonos un cable, y esa persona nos da la oportunidad de ganar 300.000 pesos en unos pocos días, eso no se puede desaprovechar.

- Julito le dijo al tal Henry que podía contar con nosotros, pero que nos tenía que dar los medios para hacer la operación: un automóvil para viajar al norte, el dinero para los gastos, comida, gasolina y hotel. - dijo Silvio y continúo.

- Henry nos dijo que hiciéramos un plan y que volviéramos al siguiente día para darle curso al asunto. Esa noche no pudimos dormir, parte por el hambre y parte por la emoción. Ya yo me veía con un Cadillac nuevo, un medallón de San Lázaro de oro y un diamante en el cuello, y un reloj Rolex en la muñeca. Los tres en nuestra mente gastamos el dinero de la recompensa y yo hasta hice un plan para traer de Cuba a mi mamá y a mis hermanos, porque yo te aseguro que la familia hace mucha falta.

Escucharon un ruido en la noche y Silvio paró de contar, pero nada, fue una falsa alarma. Eran los motores de un avión comercial a alta altura, Silvio continuó.

- El próximo día todos fuimos al bar Quisqueya a entrevistarnos con Henry, que siempre estaba acompañado por un grupo de sicarios todos armados hasta los dientes. Por supuesto, yo sospeché. Pensaba: qué extraño que dentro de aquel elemento no hubiera ninguno que estuviera dispuesto a hacer el trabajo de cobrar el dinero, pero la necesidad o la ambición no nos permitió reflexionar bien y decidimos seguir adelante con el plan. Yo pensé que podía ser que el colombiano Henry confiará más en nosotros que en ellos, pues de verdad yo creo que ninguno de aquellos delincuentes baratos hubiese regresado después de cobrar la cuenta, de un maletín con dos millones de pesos dentro, y se lo entregarían a Henry, de mansa paloma.

- Julito el paisa le dijo al colombiano que el plan era bien sencillo, que nos diera los medios, el auto, el dinero y los hierros, que nosotros nos encargaríamos de hacer el resto: Ir a la ciudad de Nueva York, encontrar al hombre, cogerlo por el pescuezo y obligarlo a pagar el dinero. Qué ingenuidad la nuestra, Henry nos dijo con una sonrisa sarcástica, "ustedes creen que sea tan fácil el asunto, pero yo voy a confiar en ustedes. Les voy a dar un auto, un Monte Carlo Chevrolet nuevo de paquete, les voy a dar tres pistolas con calibre 45 y cinco mil dólares para los gastos de gasolina, hotel y comida. Con ese dinero les debe sobrar si no se ponen a comprar perico o a tomar bebida, cosa que yo no les puedo prohibir, pero sí le puedo recomendar que no lo hagan durante el trabajo."

A esta altura del relato y conociendo la clase de mafiosos que hay en ese negocio, Lázaro ya comenzaba a imaginarse el final.

Silvio continuaba con su relato como si estuviera viviéndolo en su cabeza.

- Señor Henry, no nos sobra tanto como usted dice, - le dije yo - porque si no encontramos el hombre, el primer día nos vamos a tener que pasar varios días buscándolo y la Gran Manzana no se llama así por gusto. Según mis cálculos esa ciudad tiene más de 23 millones de habitantes y nosotros no vamos a dar un viaje tan largo para regresar con las manos vacías. Yo lo encuentro, aunque tenga que rentar un hotel y quedarme ahí todo un mes, yo no regresó a Miami sin ese dinero.

- Asimismo como mi socio Silvio dijo - contestó Julito y agregó-: Y si las cosas se nos complican y no nos podemos quedar en un hotel, nos quedamos en el parque central a dormir. Me han dicho los que han estado ahí en ese lugar que hace mucho frío, pero tendremos que pasar frío.

- "Así me gusta, muchachos, - dijo el colombiano Henry - quiero que tengan ese mismo ánimo de combate, pero ustedes no se preocupen: si eso llega a pasar, yo les mando más dinero por la Western Union. Me gusta mucho su entusiasmo. Yo creo que ustedes van a tener éxito en esta empresa, pero como ahora ya todo está hablado, tomen una cerveza que yo los invito, y hoy dense unos trastazos, unos pasecitos de yeyo, porque luego van a tener que abstenerse. Les repito, por el camino no deben tomar ni beber, ni droga de ningún tipo, porque si por casualidad de la vida los paran por cualquier razón, les encuentran la droga y las armas, yo no voy a responder por eso, que quede bien claro." Aunque lo que nos pedía el señor Henry era bien difícil de complacer, nosotros se lo prometimos, porque comprometer es fácil. Todos estuvimos de acuerdo y salimos al otro día después que Henry les hubiera dado el automóvil, las armas y el dinero para los gastos.

- ¿Y qué automóviles les dio? -le preguntó Lázaro.

- Nos dio un Monte Carlo blanco del año, las armas y el dinero para los gastos. Aquella misma tarde cogimos tremendas borracheras y nos enroscamos todos por invitación del colombiano. Llegamos al apartamento a la 1:00 de la mañana. Julito y yo caímos en la cama redondos por el cansancio y la intoxicación. Pero Aracel se fue con una de las muchachas centroamericanas del bar, una Titi, como le decía él. Con el compromiso de estar listo al otro día, no creo que el gordo pudiera dormir aquella noche, con el enfrentamiento que tenía.

- ¿Y Aracel cumplió? ¿Llegó a tiempo? -preguntó Lázaro.

- Espera y te cuento -le dijo Silvio y continuó-: Al siguiente día nos levantamos temprano y en una cafetera cubana que teníamos en la cocina del apartamento, colamos café cubano en lo que esperamos a nuestro amigo y asociado Aracel, el gordo, que llegó a tiempo para tomar el café que yo había hecho y todavía estaba caliente. Después de tomar el café, salimos muy entusiasmados a recoger las armas, el dinero y el auto para salir de inmediato a Nueva York. Como dice un viejo proverbio: "el que se sube en el lomo de un tigre solo tiene un problema, bajarse de él." Henry nos había citado al mediodía, en el restaurante La Perla Del Mar en la Calle 7 y la 44 avenida. Llegamos al lugar, parqueamos nuestra transportación y nos sentamos en el restaurante a esperar al hombre que llegó acompañado de otros dos colombianos, dos barranquilleros cómo él, y nos presentó a los que lo acompañaban.

- Este caballero es Salim y su amigo Pacho. Salim y Pacho son mis socios en el negocio y lo que ustedes van a cobrar es más de ellos que mío, por eso me tomé el atrevimiento de traerlos para que los conozcan a ustedes. Yo creo que ustedes no tienen ningún problema ni ninguna objeción en ello. A mí en lo particular no me causó ninguna gracia la cara de aquellos dos personajes, pero a la altura del juego con aquellas dos pintas frente a mí, que yo podía hacer y le respondí: - Nosotros no tenemos ningún problema en conocerlos, por el contrario, es un honor. Entramos en el restaurante y nos sentamos a almorzar. Henry nos dijo: - Allá afuera tengo el automóvil -y lo demás está adentro. Los tres nos sentamos juntos.

Todos pedimos ostiones, sopa de cherna, filete de pescado al horno. Nosotros pedimos más o menos lo mismo, a excepción de Julito que pidió calamares fritos. El colombiano Pacho nos dijo: - Aliméntese bien muchachos que les espera un largo viaje. Aprovechen la invitación de Henry y den paso a su gusto. -

- Julito tomándole la palabra pidió dos raciones de camarones fritos y dos de frituras de cobo y 6 cervezas bien frías. Henry nos recordó: - Coman todo lo que quieran, pero solo una cerveza. Recuerden que tienen que manejar y si manejas, no tomes y si tomas no manejes, como dice la propaganda. -

- Era marcadamente evidente que estaba muy interesado en que nosotros llegáramos a Nueva York. Después del almuerzo salieron al parqueo del restaurante La Perla Del Mar y como había prometido Henry, le entregó la llave de un Chevrolet Monte Carlo blanco del año de 1981 con solo 10 mil millas de camino. Le entregó el dinero y las tres pistolas calibre 45 con el número de serie borradas, y se despidieron los tres colombianos. Nosotros le pedimos a Henry que estuviera al tanto de ver el teléfono del bar, propiedad de Pedro el dominicano. El bar era de Pedro, pero Henry lo administraba. -

- "Henry, - le dije yo ya montado en el flamante Montecarlo blanco - esté pendiente del teléfono de la oficina del bar por si surge algún problema y tenemos que consultar con usted. - No se preocupen, muchachos - nos contestó Pacho - Henry estará al tanto del teléfono. -

- Aracel, el gordo, que era entre nosotros el mejor chofer, pues en Cuba trabajaba manejando un camión de carga por la carretera, tomó el timón del vehículo que nos habían entregado con el tanque lleno de gasolina. Nos subimos al Dolphin Expressway para encontrarnos con la I-95 Norte, que nos debía llevar a nuestro destino final, la capital del mundo, la ciudad de los grandes rascacielos, la inmensa y cosmopolita ciudad de

Nueva York. La que desde esa ocasión sería la ciudad de las trampas. -

- Empujados por nuestra intrepidez y juventud nos montamos en aquella bala de cañón, viajamos volando por el Expressway, sintiéndonos los dueños del mundo, como si el dinero ya estuviera en nuestros bolsillos. Sobre las 8:00 de la noche rebasamos Jacksonville en el norte de la Florida. Julito nos sugirió que entráramos en un restaurante Denny's junto a la carretera y Aracel el gordo recomendó: - ¿Por qué no nos desviamos un poco para comer el mejor arroz frito de todo el país? -

- Yo le pregunté: - ¿Dónde se come ese arroz frito? - En la ciudad de Savannah en Georgia.

- Yo no le creo, - le respondí - hasta donde yo sé el mejor arroz frito del país se come en la ciudad de San Francisco, estado de California.

- Desmaya en esa talla - nos dijo Julito y agregó: - El arroz frito mejor hecho se come en el barrio chino de la ciudad de Nueva York. Cuando lleguemos a la Gran Manzana se los voy a demostrar.

- No hablen más boberías, señores, nos vamos a ir a San Francisco y todavía nos queda tiempo para llegar a Nueva York. Vamos a entrar en un Denny's que me estoy muriendo de hambre, ya después veremos. -

- Nos bajamos de la I-95 y entramos en un Denny 's, cenamos y volvimos a retomar el camino. Rebasamos Georgia, Carolina del Sur y luego del Norte. En Washington echamos gasolina y decidimos entrar en un hotel de los tantos que hay junto a la carretera para dormir. Nuestro mejor chofer, el gordo, estaba muy cansado de la manejada y de la mala noche del día anterior. Bueno si a lo que le había pasado, se le podía decir mala noche.

A la mañana siguiente, desayunamos en un Waffle House y después retomamos el camino. Pasamos sobre el río Potomac y vimos a lo lejos la Casa Blanca, el Memorial a Lincoln y el Capitolio de los Estados Unidos. Horas después corríamos ya por el New Jersey Turnpike, pasamos por el túnel Lincoln y entramos en nuestro destino la Gran Manzana, la ciudad de Nueva York. Ya estamos a punto de subir sobre el lomo del tigre, del cual solo se podía pelear con mucha astucia y con mucha suerte. -

- Llegamos al fin al famoso World Trade Center. Entramos en una torre, orientados con la dirección y el nombre que Henry nos había marcado en el 81 piso del edificio. Tomamos el elevador, como un avión supersónico, y nos llevó hasta donde queríamos. En breves minutos estábamos frente a una elegante oficina con un rótulo que decía Marder Inversiones. Entramos y nos dirigimos a una recepcionista. Yo supuse que era bilingüe y ella nos preguntó con español de acento boricua: - ¿Qué desean los caballeros? -

Yo tomé el mando de la operación para no dejar hablar a los difuntos pues comprendí que su vozarrón y estilo de decir las cosas sería un poco conveniente, en aquel momento y en aquel lugar.

- Buenas tardes, señorita, nosotros queremos hablar con el señor Alfonso Ospina, por favor - le dije yo.

- ¿Ustedes tienen cita o el Señor Ospina los está esperando? - me preguntó la recepcionista, una niña con cara de muñeca y cuerpo de Barbie. Ahora estaba convencido de que era puertorriqueña, como yo siempre había dicho, no hay boricua fea.

- No, no tenemos cita, pero por favor dígale al Señor Ospina que aquí hay unos amigos del señor Henry Monsalvo, que quieren hablar con él.

- La muchacha llamó a otra secretaria que nos dijo: - Por favor caballeros siéntense y esperen. Si los señores desean les puedo ofrecer café o algún refresco. Julito no perdió la oportunidad de hacer algún estrago y le dijo a la muchacha: - Sí claro muñeca, queremos café y si puede también traiga unos bizcochos. -

Detrás de la recepcionista había un gran cuadro con una inscripción, en un idioma que yo no conocía, pero sí me causó interés saber qué decía aquella inscripción extraña. Pensé que sería en árabe o en algún idioma asiático, persa o indostánico;

pero me quedé con la duda. Unos minutos después entró otra joven con el mismo porte de la puertorriqueña y con el mismo acento, y nos sirvió el café, agua y unos bizcochos. Y Aracel me dijo al oído:

- Este tipo debe contratar a las empleadas por catálogo, ¿las compras hechas o las manda hacer? - Ambos sonrieron con picardía.

- Yo le respondí: - No es un catálogo lo que se necesita, lo que hace falta es el billete. Si llega algún día a tener billete, también vas a tener secretarias bonitas - sonó el teléfono y la recepcionista boricua lo atendió y nos dijo: - Caballeros, el señor Ospina los está esperando, síganme por favor. -

- Sin saberlo nosotros ya estábamos arriba del tigre de bengala, uno de los depredadores más peligrosos del planeta. Entramos por un pasillo con oficinas a la derecha y a la izquierda, en la pared del pasillo había otro cuadro igual al que colgaba detrás de la pared. La recepcionista ya me intrigaba lo que decía aquella inscripción extraña, pues seguro aquellos cuadros debían de contener algún mensaje subliminal. Seguimos a la secretaría sabiendo que sí Alfonso Ospina no me decía lo que decían los carteles yo se lo preguntaría. Llegamos a una gran oficina con ventanas de cristal desde dónde podía apreciar el río Hudson y parte de la ciudad. La oficina estaba amueblada, con elegancia y sobriedad, se diría que con la clase que da el dinero. Detrás de un escritorio de caoba un hombre con aspecto insignificante pues era de baja estatura no llegaría a pesar mis 150 libras, de pelo rojo, piel blanca y unos 30 años, vestido pulcramente con una sencilla camisa blanca y una corbata azul, y nos preguntó: - Bueno señores ¿en qué los puedo servir?, ¿cuál es el motivo de su visita?, ¿en qué negocio los puedo asesorar, en qué negocio están ustedes interesados en invertir? ¿En comprar propiedades inmobiliarias o acciones de la bolsa de valores?

- Su tono era amable y relajado. Se notaba que no tenía ninguna antipatía por nosotros o nuestra visita la estaba disfrutando. Al contrario de un mal sentimiento gozaba con nuestra presencia. Yo diría que era más folclórica y simpatía por nosotros.

Yo tomé de nuevo la iniciativa y la palabra y le dije: - Nosotros venimos de parte del señor Henry Monsalvo, a quien usted debe conocer. El muchacho nos contestó en perfecto español, que yo diría con un pequeño acento de origen cubano. - Claro que yo conozco al señor Henry Monsalvo. Es un cliente y socio mío, además mi amigo personal. ¿Cuál es el mensaje que ustedes me traen de él? Yo volví a tomar la palabra y le dije de frente y sin rodeos: - Señor Ospina su cliente, su socio y su amigo personal, el señor Henry nos comisionó para llevarle a Miami una cantidad de dinero, que usted, según él, le adeuda y que según él se ha demorado en pagarle.

- Ospina me interrumpió y me dijo: - ¿Y cuál es la cantidad de dinero que según Henry yo le debo a él, y me he demorado en pagarle? - Su tono de voz seguía siendo suave y bajo, y se veía muy tranquilo y relajado como el que tenía total control de la situación. - Según el señor Henry me dijo que son 2 millones de dólares.

- Con el tiempo y después de conocer a Alfonso me convencí de que era un gran actor. Alfonso me miró con cara de no creer lo que yo le estaba diciendo: - ¿Y por qué no ha venido el señor Henry a cobrar ese dinero, él personalmente? - Julito tomó la palabra y dijo: - El señor Henry está muy ocupado y nosotros hemos venido en su lugar. - Ya entiendo, - nos dijo Alfonso- ustedes son los cobradores de recompensas de Henry, sus colectores, pero yo le voy a hacer bien sincero, porque me simpatizan, me caen bien porque de verdad ustedes están pasando mucha hambre en Miami y son muy locos o muy valientes, porque a veces el hambre vuelve loca a la gente. -

El rostro de Silvio cambió por completo, ya se notaba la tensión en su boca, los músculos de la cara, ya más rígidos, presagiaban un final dramático. O estaba reviviendo alguno de los errores que habían cometido ellos 3 en esos días.

- Alfonso nos había faltado el respeto. Nos había dicho descaradamente muertos de hambre y no había mostrado con aquellas palabras ningún respeto por Henry ni por nosotros. Nos estaba tratando de comprar, nos estaba tratando de humillar y nos estaba tratando de meter miedo. Alfonso continuó: - Ustedes llegaron hasta aquí porque yo lo dejé llegar. Y van a salir de aquí vivos, si yo los dejo salir. - Usted sabe bien lo que nos está diciendo? - le dijo a Aracel. Y Alfonso le contestó: - Sí claro que lo sé, y sé también que ustedes vienen armados con unas pistolas y además son valientes y traen mala intención, pero también sé que son muy inteligentes. -

- Se hizo un total silencio en aquella oficina y Alfonso retomó la palabra: - Si ustedes de verdad vinieron armados, yo no los hubiera dejado llegar hasta aquí. Ustedes pueden pensar que yo pondría mi vida en peligro. - Lo que dijo Alfonso me dejó frizado por completo. Y continuó: - La pistola 45 que ustedes traen, tienen puestas balas de salva. Entre los sicarios de Henry hay gente que me responde a mí. Ponen lo que yo aconsejo. Así que, piensen bien lo que van a hacer, porque, queridos paisanos, ahora ustedes están en problemas y de aquí pueden salir ustedes directo al río, fundidos en un bloque de cemento. Yo creo que lo más aconsejable que podemos hacer es que nos portemos como gente civilizada y negociar. -

- La palabra negociar me llevó la sangre al cuerpo y vi una esperanza de poder conservar la vida si actuaba con inteligencia y tanto el diablo nos dejaría escapar. Yo sé que esto parece más una historia sacada de un guión de una película de cine que una historia real y te lo está contando uno de sus protagonistas. Como dice la poesía, "pero voy en mi camino y nadie me apartara, de nadie soy adulón, he de decir la verdad, aquí no hay imitación esto es pura realidad. Yo le pregunté a Alfonso: - ¿Cómo dice usted que negociar si usted tiene cuatro ases en la mano? - Sí, voy a negociar el rescate de ustedes -me contestó con una sonrisa, que me puso los pelos de punta y lo que tú sabes en la boca.

Julito era bien imprudente tomó la palabra y le dijo a Alfonsito: - Ahora resulta que los que debemos somos nosotros. Yo no creo que Henry dé por nuestra vida ni un solo centavo. - Ospina continuó: - Bueno ustedes ahora son los que están en mala situación, pues quien me puede negar a mí que yo les pague el dinero y ustedes se fueron con él, pero yo para hacer eso tendría que eliminarlos a ustedes. Por suerte yo soy un hombre de paz y detesto la violencia que al final termina mal. Yo nada gano con fundirlo en un bloque de concreto y tirarlo al fondo del río Hudson y que después venga otro y me haga lo mismo a mí. -

- Alfonso nos hablaba, por increíble que te parezca más como un predicador, que como un mafioso. Yo decidí en esa hora cambiar de bando y aliarnos a él, y le pregunté para reducir un poco de tensión a la plática: - Señor Ospina, ¿le puedo hacer una pregunta por pura casualidad? - Como no paisano, me puedes hacer la pregunta que quieras -y repetía la palabra paisano como para decirnos: "yo soy cubano también". Comido por la curiosidad, le pregunté a Alfonso: - Señor, ¿qué es lo que dicen esos cuadros que ha puesto por todas las paredes de su oficina?

- Esa es la desventaja de no hablar más que un solo idioma - me respondió con algo de vanidad: - Eso es una inscripción en idioma arameo y dice textualmente: Los estoy vigilando. - Y agregó: - Me ha gustado tu curiosidad y voy a ser comprensivo y además espléndido con ustedes, y les voy a ofrecer un buen trato.

- ¿Qué trato nos va a ofrecer el paisano? -le pregunté yo. Alfonso me contestó: -Yo le ofrezco lo mismo que le ofreció Henry. Ustedes regresan a Miami y le dicen a Henry que yo me escondí, y que no me han podido encontrar, eso es totalmente comprensible en una ciudad de más de 23 millones de habitantes. Entren en esa oficina que está junto a esta qué es un salón de conferencia, siéntense tranquilos, hablen en voz baja y sin gesticular mucho y consideren mi oferta. Yo los voy a esperar aquí por unos minutos y si ustedes aceptan lo que yo les he propuesto, yo no voy a tener que mancharme las manos de sangre, con la sangre de mis paisanos, porque, aunque no lo parezca yo también soy como ustedes, cubano. Aunque me crié aquí en esta jungla de cemento, nací en La Habana en el barrio de Jesús María. Así que muchachos, por favor que pasen al salón de conferencia y piensen muy bien lo que les conviene hacer en estos momentos.

- Yo comprendí que no nos convenía seguir discutiendo con aquel individuo poderoso e inteligente y le dije a mis compañeros. - Muchachos pasemos al salón a deliberar. Alfonso me dijo: - Ya veo que estás empezando a razonar y eso me gusta. Yo creo que son inteligentes y valientes, aunque pueden ser demasiado valientes o medios locos, pero tienen madera para este negocio. Yo en distinta situación les hubiera ofrecido trabajar conmigo. Después de decir esto me hizo una señal de mano para que entráramos en el salón.

- Ese tipo me cree a mí un mueble para tener buena madera. Yo pasé por alto la estupidez de Aracel y no le respondí, pero tomé la palabra: - Señores estamos muertos y apestamos a cadáver, pues no tenemos la más mínima posibilidad de ganar este juego, porque como ustedes pueden comprender esto es simplemente una trampa. Ya este tipo nos está esperando con todo bien montado y entre la gente de Henry hay más de un espía, cuando no sea el propio Henry y por lo que veo entre Henry y Alfonso, nos quieren como chivo expiatorio. Vamos a aceptar lo que Alfonso nos está ofreciendo y vámonos de aquí lo más pronto posible, porque esa muela de pastor de iglesia y de solidaridad nacional de Alfonso, yo no me la creo. Aquí hay algo más, pero para saberlo tenemos que salir de aquí vivitos y coleando, y no en una columna de concreto como nos ha ofrecido el hermano Alfonso. -

- Puede ser que el mismo espía sea Henry - me comentó Aracel el gordo - porque a mí me parece que los verdaderos dueños de la astilla son los dos barranquilleros, sino ¿por qué Henry los llevó al restaurante La Perla del Mar, la tarde en que salimos? - ¿Cómo dijo que se llama?

- Tomé la palabra: - Sí ese supuesto Salim nos tenía que ver la cara para que Henry descargara en nosotros la responsabilidad de cobrar el dinero. Y ahora no vamos a hablar más aquí, pues como me dijo el propio Alfonso, aquí las paredes tienen ojos y oídos, y recuerden lo que dice el dichoso cuadrito, nos están vigilando. -

- En efecto Aracel el gordo tenía mucha razón y Alfonso estaba escuchando toda nuestra conversación. Luego me enteré que llevar a Salim y a Pacho a conocernos, al que le costó la vida fue a Henry, pero de esa historia te la contaré más adelante.

- Pero eso parece más una novela policíaca que la realidad -le dijo Lázaro a Silvio.

- Tranquilo socio que a esto le falta lo mejor -y le agregó una poesía al cuento-: Pido al silencio y silencio a la atención, que voy en esta ocasión si me ayuda la memoria demostrarle que a mi historia le faltaba lo mejor.

- Estás hecho un poeta. ¿De dónde sacaste la poesía? - le preguntó Lázaro.

- De un libro de poesía, de un poeta argentino, el gran José Hernández de su inmortal obra Martín Fierro.

- Te estás cultivando mucho guajiro - le dijo Lázaro.

- Déjame continuar mi historia que está al llegar el avión y nos vamos a quedar a medias.

- De eso nada, monada - le contestó Lázaro - si no es aquí es en Miami, pero tú me acabas de hacer el cuento.

- Déjame seguir -le dijo a Lázaro y continuó: - Ya con todos de acuerdo, regresamos a aquella amplia oficina desde donde se podía admirar la grandeza de la ciudad de New York, para mí la ciudad de las trampas.

- De nuevo tomé la palabra: - Bueno señor Ospina mis amigos y yo hemos acordado… Alfonso no me dejó terminar mi frase: - Yo sé que ustedes han decidido tomar el dinero que yo les ofrezco y regresar a Miami a disfrutar del sol y meterle el cuento chino a Henry de que no me han visto la cara. ¿No es eso lo que ustedes me querían decir?

- En efecto esa es nuestra decisión -le dije a Alfonsito. Y él me respondió: - Has actuado con mucha cordura y has logrado convencer a tus amigos y aunque tú no lo creas les has salvado la vida y te has salvado tú. - Claro que nosotros le creemos señor Alfonso - le respondió Julito.

- Alfonso levantó el teléfono y hablo en forma autoritaria: - Manuel por favor venga a mi oficina. - En unos minutos una puerta lateral se abrió y entró un moreno gigante y en perfecto español, preguntó: - Dígame usted, señor Ospina, ¿para qué soy bueno? - Por el tono de voz el moreno gigantesco era colombiano.

- Acompaña a estos señores al sótano del edificio y le entregas lo que tenemos preparado para ellos. - A mí se me volvieron a erizar los pelos. "Lo que tenemos preparado para ellos" me sonó más a cemento que a dinero. Lázaro, te juro que, si las pistolas hubieran tenido balas de verdad, aquello hubiera terminado como la fiesta del guatao, pero nada podía hacer, me contuve y lo dejé todo en manos de Dios o mi destino. Comprendí que, si ya nos estaban esperando, debían tener algún plan trazado, de antemano para nosotros.

- Antes de despedirnos de Alfonso, nos dijo: - Muchachos hay un pequeño problema con el dinero, porque está en billetes de bajo denominación. Está en billetes de 5 dólares, 10 dólares y 1 dólar. ¿Ustedes no tienen ninguna objeción? - Por nuestra parte ninguna, - le respondí - es dinero y como usted dice vale igual y además es una prueba de que no hay ningún billete falso.

- El negro nos hizo una señal con la mano de que lo siguiéramos y los cuatro tomamos el elevador supersónico en aquel edificio. Y en unos breves minutos estábamos en el sótano del edificio, donde nos esperaban entre 10 o 12 sicarios de Alfonso, también armados hasta los dientes. Se me volvieron a erizar los pelos y me vi en el fondo del río Hudson fundido en un bloque de concreto y hundido en el fango del lecho del río. Mire a mis compañeros por un momento y note que ellos estaban tan asustados como yo. Pretendí ser fuerte para no asustarlos más. -

- Para mi sorpresa los hombres de Alfonso nos entregaron tres sacos gusanos de tela llenos de billetes de 10, 5 y 1 dólar, y nosotros, sin la menor preocupación (y pura inocencia) nos dejamos tomar una película cargando los sacos llenos de billetes y metiéndolos en el maletero del flamante Monte Carlo blanco. -

- ¿Y cómo salieron del edificio? preguntó Lázaro.

- Figúrate tú, salimos como el perro que tumbó la lata. Y ya en el camino de regreso sobre el Turnpike de New Jersey, nos volvieron los testículos a su lugar, porque hasta ese momento lo traíamos en la boca -

- Aracel hablo, con un nudo en la voz: - De buena nos hemos escapado y lo mejor del caso es que con dinero. - Yo les respondí, con la garganta casi seca de los nervios que habíamos pasado: - Ahora salimos de un problema con Alfonso Ospina, pero tenemos otro con Henry. Que tal que no nos crea el cuento de que no encontramos a su hombre.

- ¿Pero eso es lo que le vamos a decir a Henry? preguntó Julito. - Eso es lo que nosotros le vamos a decir, que nos vaya a creer son otros 20 pesos. -

- En menos de 24 horas llegamos a Miami y pasamos por nuestra humilde casa para dejar el dinero escondido. Luego fuimos a El Quisqueya a darle la cara a Henry. A medida que nos íbamos acercando al destino, el silencio dentro del vehículo se ponía más denso. Estábamos los 3 aterrorizados, a punto de mentirle a un mafioso asesino despiadado. Entramos en el bar y Henry nos estaba esperando recostado en la barra, acompañado de los dos barranquilleros, Salim y Pacho Murillo, y por lo menos 5 sicarios más, todos armados, como siempre. Henry desde la barra nos salió con un gesto. - ¿Cómo está mi tropa? ¿Cómo le fue en el viaje? Supongo que tuvieron éxito en la gestión que les encomendé. Yo espero que sí, me da la corazonada. -

- Yo le respondí lo que había practicado en mi mente todo el camino, palabras textuales, estudiadas: - Pues esta vez tu corazonada le falló, porque hemos perdido miserablemente el tiempo. No pudimos ver a nadie, ni fotos; parece que a Alfonso se lo tragó la tierra, es una ciudad tan grande y con tanta gente es bien difícil encontrar a alguien que se quiera esconder. Al parecer alguien le avisó de nuestra llegada y eso le dio tiempo a esconderse. -

- ¿Tú me quieres decir que entre nosotros hay un soplón, un traidor? dijo Henry con cara de pocos amigos. - Yo no le quiero decir nada, - le respondí - solo le puedo decir que alguien le dio aviso de nuestra llegada. Pero Henry era un indio que tenía la maldad del blanco y el indio no quiso tomar ningún riesgo:

- Está bien, esta vez no hemos tenido suerte, otra vez será, pero por lo pronto necesito que me devuelvan las pistolas y las llaves del automóvil. Y le dijo a uno de sus secuaces: - Rafael recoge las tres pistolas y la llave del automóvil que te van a dar los muchachos. - Rafael procedió con diligencia a cumplir la orden de su patrón sabiendo que esa acción al final del día haría más fácil su trabajo de matón con nosotros.

- No nos quedó más remedio que entregarle el armamento y quedar supuestamente desarmados.

Lázaro le preguntó: - ¿Y por qué supuestamente desarmados? -

- Ya te voy a contar. - respondió Silvio - Como te digo, nos quedamos supuestamente desarmados a merced de Henry y de sus secuaces, que nos dijo: - Es una lástima que no encontraran a Alfonso, pero no pierdan la esperanza otra vez será. Ahora quiero que vean algo que les va a interesar. -

Durante esa charla con Henry, ni Salim ni Pacho habían abierto la boca. Se concretaron a observar todo con minuciosidad, con cara de duda de todo y de todos. Yo creo que el que más confianza le daba era Henry, puede ser que la deducción de Aracel el gordo fuera acertada.

- Pero vengan muchachos -nos dijo Henry-, pasen a la oficina del bar quiero que vean una película que Alfonso me mandó de Nueva York por DHL y como vino en avión llegó antes que ustedes. -

- Inmediatamente comprendí que estábamos en problemas. Entramos en la oficina del bar Henry, Pacho, Salím y nosotros tres. El grupo de sicarios se quedó fuera a la expectativa de lo que ellos ya sabían que pasaría. Henry sacó el cassette de la beta de un pequeño escritorio donde Pedro, el dominicano, hacía las cuentas del bar y lo colocó en una reproductora que había junto a un pequeño televisor y nos dijo: - Miren muchachos la película que me mandó Alfonso. Qué interesante está la película de ustedes, de visita en la oficina que el Señor Alfonso tiene en la ciudad de Nueva York, la ciudad donde ustedes no le pudieron encontrar porque uno de mis hombres le dio aviso de su llegada. -

- Allí, en aquella película, estábamos nosotros tres cargando los paquetes color verde olivo con billetes de $10, $5, $1.
-

- ¿Dónde están mis dos millones? - preguntó Henry mientras golpeaba la mesa. Su cara se llenó de furia. Los hermanos Murillo, inmutables, nos miraron esperando una respuesta.

Julito le respondió: - Ese tipo lo único que nos dio fueron 500,000 dólares - Yo entonces empecé a comprender la trampa. Henry le debía ese dinero a los Murillo y había encontrado 3 gilipollas que le daban la excusa perfecta para no devolverlo. Con Alfonso en Nueva York idearon la ilusión de que les entregaron los 2 millones, pero en realidad era mucho menos. El video era evidencia de que pagaron y los ladrones decidieron robárselo. Caso cerrado.

- Henry gritó: - ¿Cómo así? ¿Ustedes me quieren hacer a mí estúpido? ¿Ustedes quieren que yo crea que entre tres tulas solo había 500,000 dólares? ¿Pretenden burlarse de mí? - Y repitió en tono más violento, golpeando la mesa otra vez: ¿Dónde está mi dinero? -

Uno de los sicarios, al oír la conmoción, entró por la puerta y apuntó su pistola a la cabeza de Julito.

- No nos maten, es la verdad - dijo Julito entre sollozos. - Ellos nos dieron todos billetes pequeños, de a peso, $5, $10 y $20. Eran muchos billetes, pero poca plata. -

Los que grabaron el video se posicionaron de lejos, para no mostrar los números en los billetes. Era parte del macabro plan.

- ¿Tú me viste la cara de estúpido? - grito Henry. Era un buen actor, interpretando el papel de víctima estafada por un par de ladrones sin escrúpulos. En realidad, estaba condenando a 3 hambrientos inocentes a morir.

- Si a mí, mi socio en Nueva York me dice que les entregó a ustedes los 2 millones de dólares, ¿a quién piensan que le voy a creer?

El sicario corrió el martillo de su revólver hacia atrás, como preparándose para disparar. El sonido penetró hasta los huesos de los 3 cubanos. Se oyó un llanto leve, un lamento profundo.

- Yo los tengo - contesté aterrorizado. - Yo tengo el dinero y los puedo llevar a donde está. - Mi plan B estaba en marcha, uno que había pensado durante las largas horas de regreso a Miami. No se lo había contado a mis 2 socios porque temía que se asustarán, porque ellos estaban convencidos de que la mentira iba a funcionar y no quería crearles dudas. La única opción en ese momento era mentir para salir del brete, no habíamos analizado nunca ese escenario juntos. Yo quería salir con vida de aquel lugar lo más pronto posible y por eso jugué mi última carta: mentir para no morir.

- Entonces mis dos millones que mi amigo Alfonso Ospina me mandó con ustedes 3 y que me han querido jugar, los tiene Silvio. - El capo me preguntó por tercera vez, ya un poco más calmado: - ¿Dónde está mi dinero? -

- Yo le respondí: - Sí señor, lo tengo yo, escondido. La ambición del dinero se pintó en la cara de Henry, quien sabía que no había 2 millones de dólares en esos sacos, pero al menos recuperaría el medio millón que trajimos de Nueva York. Luego dijo: - Está bien, entonces ve por ellos y tráemelo ahora mismo. - Y dirigiéndose a Pacho y Salím les dijo: - ¿No les habían dicho que Alfonso Ospina es un hombre de palabra, que me quedaría bien?

- Vamos a esperar a que aparezca la platica para hacer deducciones - le respondió Salim, con cara de no creer nada de aquella comedia que Henry y Alfonso habían armado cogiéndonos a nosotros de instrumento.

- Vas a ir acompañado por uno de mis hombres - repitió Henry y agregó: - Todos se quedan aquí a esperar por el dinero y si en una hora no está de regreso le doy piso a los dos. -

El miedo no me dejaba pensar claramente, pero de pronto me di cuenta de que solo yo iba a salir con vida de ese lugar. Estaba dejando atrás a mis 2 amigos de toda la vida, mis compinches, los que llegamos a esta tierra de libertad para lograr nuestros sueños. Pero ahora estábamos viviendo una pesadilla, una horrible pesadilla, y lo único que yo tenía en la mente era sobrevivir. Cuando salí de esa oficina los mire, pidiéndoles perdón con la mirada pero disimulando mi dolor para no delatar mi plan. Fue la última vez que los vi en mi vida. -

- Salimos de la oficina y dirigiéndose a uno de sus sicarios, el mismo que nos había desarmado, le ordenó: - Rafael acompaña a este pelao a recoger el dinero que mi amigo Alfonso me mandó con ellos, y si se quiere hacer el valiente o se quiere pasar de listo, me le das de baja y me traes la cabeza para acá. -

- El sicario me indicó con la mano la salida del bar y fuimos hacia el Monte Carlo blanco. Cuando me senté del lado del timón, el matón de Henry se me sentó al lado y se abrió la camisa mostrándome una pistola que tenía en la cintura. Lo que aquel hombre no sabía y ahora comprenderás por qué te había dicho que yo no estaba totalmente desarmado, era que cargaba en el bolsillo del pantalón una pequeña pistola calibre 25 mm, con una bala en el directo -

Lázaro interrumpió a Silvio y le preguntó: -¿Tú traes ahora esa arma aquí en el bote?

Silvio le contestó: - Claro que no, mi hermano, yo sé que una de las reglas de ustedes es no traer armas de fuego en la lancha, yo soy muy respetuoso con eso, y ustedes son mis amigos.

- Qué bueno que sepas eso, ni armas de fuego, ni bebidas, ni drogas - dijo Lázaro y agregó: - En una lancha rápida de traqueteo, un arma de fuego solo sirve para que te den 5 años de condena más.

- Tú sabes Lázaro que yo no soy violento, ni me gusta la sangre y he estado en este negocio más por vago que por guapo, y llevo mi pistolita porque ella me salvó la vida la vez que los jamaiquinos me trataron de tumbar. Pero en aquel momento la única oportunidad de escapar con vida era mi pistolita, ¿me entiendes? -

Lázaro asintió, pero con cara de mucha intriga.

- En la manejada por la calle 27 al sur fui maquinando, buscando la mejor salida a ese brete. Pensé en llegar a la luz y darle un tiro al sicario, un tiro en la cabeza a aquel animal que me acompañaba y salir corriendo del automóvil, regresar al bar y rescatar a mis compañeros. Al final, aquel auto no estaba a mi nombre. Aunque la idea me gustó, me molestaba mancharme las manos de sangre podrida de aquel asesino a sueldo y, peor aún, manchar un asiento de color crema del Monte Carlos. Avancé por la avenida 22 y en la calle primera recordé que había acabado de abrir una estación de policía. Entonces vi los cielos abiertos y, más que nada, la posibilidad de no tener que matar a nadie. Me detuve en la intersección, y cuando pusieron la luz verde entré en el parqueo de la estación de policía y le dije al sicario: - El dinero de tu jefe está aquí, en este lugar. - Me bajé del vehículo con las llaves en la mano y como un rayo entré al edificio de la policía de Miami.

- Se la pusiste en China -comentó Lázaro, con los ojos bien abiertos. Silvio sonrió nerviosamente y continuó la historia.

- El sicario se quedó completamente frisado sin saber qué hacer. No era lógico que me atacara ahí frente a una estación de policía, pues el más guapo juega con la cadena, pero con el mono no, y tú sabes que en Miami la policía no juega, si hubiera tirado el más mínimo disparo lo parten en dos.

Me quedé mirando a través de la ventana para observar su reacción. Miro un poco a su alrededor con cara de pánico, bajó del auto y salió de ese lugar lo más rápido posible. Quizás imaginó que yo lo iba a denunciar y 10 policías saldrían corriendo, con armas en mano, para arrestarlo. No creo que le hubiera ido muy bien.

- Lo desconcertaste - dijo Lázaro. - Qué plan tan genial se te ocurrió en ese momento. -

- Así mismo fue, lo desconcerté por completo. Me imagino que la mente humana, bajo semejante presión, ante la inminencia de la muerte, se pone muy creativa. - dijo Silvio ya un poco más relajado. - Fíjate si se me había activado la creatividad al máximo ya dentro del edificio tenía que justificar mi presencia ahí, armado, sin levantar sospecha. Así que fui frente al oficial que estaba detrás de la ventanilla, y le dije: - Oficial me encontré esta pistola en la calle. Tengo entendido por la propaganda que he visto en la televisión que ustedes dan $100 dólares de recompensa por cada arma que queda fuera de las manos de un criminal. - Saqué la pistola con mucho cuidado para evitar que se sintiera amenazado y se la mostré. -

- Por un breve momento se me pasó por la mente decirle al oficial que dos de mis amigos estaban en peligro muy cerca de allí, pero mi instinto me gritaba por dentro que, si hacía eso, me estaba condenando a mi mismo a una larga estadía en la cárcel. Otra vez, la supervivencia me traicionó. Hoy pienso que debí hacerlo, pero ya no puedo volver el tiempo atrás. -

- Sí - el oficial me dijo- tiene usted la razón, ciudadano. El policía tomó la pistola, la metió en un nylon, me entregó una planilla, y me dijo: - Llene usted este formulario y en un plazo de 6 a 8 semanas va a recibir un cheque de $100 dólares y una carta de felicitación de alto al crimen.

- Mientras llenaba el formulario miré por la ventana del edificio, vi el Monte Carlo estacionado y me imaginé al sicario regresando al Quisqueya para contarle a Henry lo que había sucedido. O tal vez no, quizás se fue corriendo al aeropuerto para regresar a Colombia en vez de tener que admitirle a un peligroso narco que se le había escapado un hombre valuado en 2 millones de dólares.

- ¿No te preocupaba que tus amigos le dijeran a Henry, bajo tortura, que el dinero estaba en el efficiency donde vivían? - dijo Lázaro.

- Si, sabía que debía apurarme para regresar a la casa y sacarlo de ahí pero primero debía terminar mi farsa en la estación de policía. No sabía si el sicario llamó por teléfono a su jefe para contarle las novedades o se había ido a pie para decirlo en persona. Tampoco sabía cuando tardarían mis amigos en confesar. -

- En tremenda candela los dejaste metidos -comentó Lázaro.

- Claro socio, no me quedó de otra que hacer una bonita lápida funeraria a mis amigos porque a ellos no los podía salvar ni el médico chino. - reflexiono Silvio con nostalgia en su mirada.

- De verdad pensé en el pobre Julito, el paisa, y en Aracel, el gordo, y me dio pena, pero los seres humanos somos egoístas y mucho más a la hora de enfrentar la muerte o repartir dinero, pero estoy seguro de que si me hubiera quedado de todas maneras nos mataban a los tres y nadie hubiera quedado para decir el cuento. Porque iba a ser imposible convencerlos de que no nos robamos el dinero. Solo teníamos medio millón y Henry jamás hubiera permitido que los hermanos Murillo supieran que todo había sido un engaño ingeniado por Alfonso y él para robarle 2 millones a los narcotraficantes barranquilleros. -

- Salí rápidamente de la estación de policía y fui a nuestra casa a buscar el dinero. Sabía que tenía los minutos contados. Me imagine que Aracel y Julito iban a resistir lo máximo posible antes de entregar el botín, con la esperanza de que podrían negociar con los colombianos y los dejaran con vida. Por suerte cuando llegué al edificio todo parecía normal y pude sacar los sacos sin problema. Sin rumbo aparente, comencé a manejar hacia el norte, la única opción posible para salir del estado de la Florida. -

- De pronto me vino a la mente un pensamiento que lo sentí como un balde de agua helada. ¡El Monte Carlo! No podía seguir manejando ese carro, estaba caliente. Los colombianos podían llamar al 911 y decir que yo estaba armado y que tenía dinero de la droga en la cajuela para echarme a la policía encima. Tal vez era robado, yo nunca había visto los papeles de ese automóvil. Entonces decidí que si me iba a escapar tenía que comprar otro vehículo, y el dinero no era problema. -

- Dejé el Monte Carlo estacionado y bien cerrado en una calle del centro de Miami, por la calle 8, y con $10.000 en la mano me metí en un dealer de carros que vi en el camino. Le pregunté al vendedor cuál era el carro más fuerte y duradero que tenía, ideal para viajar en la carretera. Y luego de mostrarme varios, me vendió un Ford Mustang Cobra blanco con franjas azules que recorrían todo el auto, desde el capó hacia la cajuela. No era el más económico ni el que ahorraba más gasolina, pero yo siempre quise tener un carro así, desde que vivía en Cuba. Firmé los papeles, me dieron el título y salí rápidamente a ver si el Monte Carlo estaba todavía parado donde lo dejé, siempre pensando en que la policía tal vez me estaba buscando. -

- Y lo encontraste? - inquirió Lázaro muy interesado en el relato.

- Si, respire aliviado. Me estacioné detrás, saqué las tulas con el dinero de la cajuela y las metí en el Mustang. Antes de arrancar sentí, por primera vez, la sensación de que todo estaba yendo bien, y rogué para mis adentros que Aracel y Julito estuvieran con vida. - comentó Silvio con un aire de tristeza.

- Pero no fue así - dijo Lázaro, con un poco de resentimiento en la voz.

- No, tienes razón. A los tres días aparecieron mis amigos muertos en el maletero de un carro robado. Los habían matado a batazos después de torturarlos. Una semana más tarde y con medio millón de dólares, libres de impuestos para gastar, llegué a la ciudad de San Diego, California. -

- ¿Nunca supiste si fueron al departamento a buscar el dinero, si ellos confesaron? - preguntó Lázaro.

- No, pensé en llamar a un vecino para averiguar, pero...

Una voz distorsionada en el parlante interrumpió el relato.

- Maestro, maestro, maestro, aquí Águila de plata. - Silvio corrió, tomó el radio de dos metros en su mano y le respondió: - Adelante águila de plata, aquí maestro, estoy en posición. -

Yoel y Jairo corrieron sobre la cabina del bote y cayeron de un salto junto a nosotros. Yoel tomó el timón de la lancha, arrancó los motores y los cuatro hombres vieron aparecer en el crepúsculo de la tarde caribeña aquel pájaro negro y dantesco que volaba sobre el mar haciendo rugir los dos motores.

Luego del tremendo relato que acababa de escuchar, Lázaro sintió, de repente, que le volvía el alma al cuerpo. Allí cayó en cuenta de que estaba haciendo lo que más le gusta. El siempre sintió que esta operación de bombardeo, de arrojar la carga al mar para después recogerla flotando, es la más emocionante de una operación de contrabando, porque involucra toda la marina, la aviación y los hombres de tierra. Fiel a su lema: "me gusta vivir peligrosamente" sintió como sus venas se llenaban de adrenalina y un instinto, mezcla de peligro y emoción, se apoderaba de su cuerpo.

Silvio encendió un pequeño farol que traía en su maletín, una maniobra sacada del mejor manual del narcotraficante marítimo. Se usa para prevenir que uno de aquellos enormes paquetes caiga sobre la lancha y la hunda, o le haga daño a alguno de los tripulantes. Un misil de 40 a 50 libras de peso, cayendo desde 500 pies de altura, lanzado desde una aeronave que viene a 200 kilómetros por hora, es lógico asumir que puede causar estragos.

DC3 similar al que usaban los contrabandistas colombianos para mover droga

El DC3 voló sobre la tripulación por segunda vez y lo primero que arrojó al agua fue la vejiga de combustible vacía, pues por la distancia del viaje los pilotos estaban obligados siempre a llevar gasolina extra. Salían desde Aruba o Curazao y de ahí tenían que volar hasta la Península de la guajira colombiana donde recogían la carga. Entonces fijaban rumbo a las Islas Bahamas pasando por Haití, para una distancia total de 1200 millas.

Por eso, estos aviones siempre cargaban una gran cantidad de combustible extra que les permitía re-tanquear en pleno vuelo.

El avión voló rasante sobre el barco y de pronto un espectáculo único se produjo ante la mirada atónita de los presentes: la línea de luces color verde comenzaron a caer como botas de esmeraldas en el océano, y el ruido de los paquetes chocando contra las olas rompieron el silencio de la noche. Así como llegó de sorpresa, el DC3 desapareció en la oscuridad que ya se estaba apoderando de la tarde. Y el hermoso crepúsculo caribeño le dio paso a la noche.

Pero ningún hermoso paisaje iba a distraer a estos contrabandistas. Era momento de poner manos a la obra.

Yoel se sentó el comando del timón y Lázaro tomó el bichero entre sus manos como un pintor toma un pincel, dispuesto a hacer lo que más sabe. Silvio y Jairo se aprestaron a ayudar para sacar los paquetes del agua.

La lancha se acercó a la primera luz verde que estaba a unos 50 metros. Un cordel lo unía a un bulto de lona negro, dentro del cual había un paquete de 20 a 25 kilos de marihuana.

Por suerte aquella noche el mar estaba calmado, con poco oleaje y el banco de las Bahamas estaba totalmente tranquilo, Lázaro recordó las veces que hubo que recoger 50 paquetes con olas de hasta cinco o seis pies de altura (entre 1,5 y 2 metros).

Lázaro enganchó el primer paquete y lo jaló hacia la embarcación. Con la ayuda de sus camaradas logró subirlo al bote.

Miro a Silvio y le dijo: - Acomódalos todos en la cabina, pero hay que ubicarlos bien. Cubre todos los espacios, pon los maletines y los salvavidas junto al ancla, que necesitamos que entre todo. Recuerda que después tenemos que recoger el velero de los hermanos Murillo, porque si no hacemos ese trabajo, nuestro amigo Jairo no cobra.

- Eso que dice Lázaro es así - dijo el muchacho, que con mucho entusiasmo los ayudaba - Mi mujer me está esperando en Miami para cambiar el automóvil por uno nuevo. Tú sabes, compadre, como las mujeres gastan el dinero que uno gana con tanto riesgo y sacrificio.

- Es la ley de la vida hermano -le respondió Yoel, a quien también le decían el Flecha, desde el timón de la Mirage.

- Está bien - le respondió Silvio a Lázaro y agregó: - Voy a tratar de hacer lo mejor que pueda, recuerda que yo no soy lanchero y no tengo mucha práctica en ese tipo de trabajo.

Jairo cortó uno de los cordeles, recogió el paquete y fue a tirar la luz al mar.

- ¡Espera! ¡No hagas eso! - gritó Lázaro, con urgencia.

Era evidente que el colombiano tenía cero experiencia en recoger mercancía del mar. Se detuvo a tiempo y miró a Lázaro, confundido.

- No tienes al mar las luces, échalo en ese cubo que está aquí, porque si tiras luces al mar, no sabremos cuales son paquetes con luces y cuales son luces sin nada y nos volveríamos locos, perderíamos mucho tiempo.

- Tiene mucha razón -le respondió Jairo.

Silvio lo apoyó diciendo: - Tiene algo más que la razón, él tiene además la experiencia que no tenemos nosotros, y además como dijo el sabio griego...

Silvio se distrajo al ver una luz verde a la distancia.

- ¿Y qué fue lo que dijo el sabio griego? - preguntó Jairo.

- Zapatero a tu zapato, cada cual a lo suyo y todo trabajo tiene su truco.

La frase "Zapatero a tu zapato" se le atribuye a un pintor griego del siglo I llamado Apeles, una de cuyas pinturas fue criticada por un zapatero. Ofendido le dijo *"Ne sutor ultra crepidam"*, el equivalente en latín a la famosa frase.

Yoel tomó la palabra: - Al parecer Silvio ha estado haciendo en los últimos tiempos algo más que jugar gallos, ha estado leyendo. -

Silvio apenas tuvo tiempo para sonreír porque el barco se había acercado lo suficiente a otro de los bultos como para que pudiera alcanzarlo.

Repitieron ese trabajo durante 2 horas y lograron sacar del mar 56 paquetes. Silvio hizo un buen trabajo en la cabina y ocupó la mitad de ella. Yoel le preguntó:

- ¿Cuántos paquetes lanzó tu avión? -

- 56 paquetes, - le respondió Silvio - y todos están colocados en la cabina, hemos trabajado como profesionales y dejamos espacio para la próxima carga. -

- De esos 56 paquetes, 14 son de nosotros. - dijo Yoel.

- No mi hermano, de ustedes son solo 11, recuerda que ajustamos el 20%, no me pegues a la pared. - dijo Silvio con preocupación.

- No es bueno que estos niños aprendan tanto. - contestó Lázaro y agregó, sonriendo: - Nos pueden tratar de quitar el trabajo. -

- Yo no creo que nadie les quiera quitar este tipo de trabajo. Es muy duro y peligroso, yo soy un hombre de tierra y no de mar, y solo esta noche estoy aquí con ustedes solo por puro intento de supervivencia.

- Bueno, muchachos, si ya terminamos aquí, agárrense porque voy echando a buscar el velero de los hermanos Murillo.

Salieron como un cohete hacia el este, en dirección al faro de la lengua. La noche era oscura; la luna, en cuarto menguante, favorece a los navegantes, quienes viajaban con todas las luces apagadas, solo encendidos la brújula y los relojes del motor.

Yoel vigilaba atentamente la brújula, los relojes de temperatura, el amperímetro y el tacómetro que mide las revoluciones del motor. Las luces de la consola del motor estaban cubiertas con un abrigo, porque en una noche oscura en el mar, la más mínima luz se ve a mucha distancia.

La lancha Mirage de 36 pies con dos motores de 330 caballos de fuerza, fabricada por el viejo Conte, el de Batabanó, volaba sobre las aguas del banco de las Bahamas y en menos de una hora y media estaban en el encuentro con el velero.

Decidieron no tirar el ancla aquí tampoco y menos ahora que estaban cargados y en esa circunstancia no es aconsejable anclar, porque nadie sabe si van a tener que salir corriendo en una zona patrullada por las Fuerzas de Defensa de las Bahamas o por el helicóptero de los guardacostas gringos. Además, aquel lugar era muy próximo al aeropuerto de Nassau, y como decía Yoel: - Vista al pillo, que estamos en el camino de todo el que va para la Florida. -

Yoel le preguntó a Jairo: - ¿Justo este lugar tenía que escoger tu gente para entregarnos el trabajo? -

El colombiano levantó los hombros como diciendo: "yo no mando aquí, solo obedezco."

Ya sobre las 9 de la noche y como era su costumbre, Yoel se sentó en la proa de la embarcación sobre la cabina a pescar, acompañado por Jairo. Silvio y Lázaro continuaron conversando sobre el tema que había tenido que interrumpir por la llegada del avión.

- Llegué a California, a la ciudad de San Diego, en la frontera con México, y con el dinero que había llevado hice varios negocios y ninguno me salió bien. Como dice el refrán: "Lo mal habido, se lo lleva el diablo", pues lo perdí todo. Te voy a ser franco, también perdí mucho dinero en visitas ocasionales a la ciudad de Las Vegas, la capital de los juegos del mundo. Me quedé, como dicen en Cuba, completamente pasmado, y sin poder regresar a la Florida, porque no sabía nada de la muerte de Henry. Pensaba que él y sus secuaces me andaban buscando, y por miedo a encontrarme con los colombianos, no me quedó más remedio que quedarme allá, y ponerme a inventar. En el tiempo que estuve de viaje por California y México encontré muy buenos amigos, y te digo, si esto me sale bien es posible que regrese para California, porque sé que con dinero puedo hacer negocio allí. -

Henry fue asesinado a balazos luego de que regresara a Cali, Colombia, su ciudad de origen. Cuentan otros narcotraficantes que le había dado a su esposa $500.000 para que los guardara. Un día volvió a su casa, tocó la puerta, pero la mujer no le abrió. Siguió golpeando, insistiendo sin éxito. De repente aparecieron 2 hombres que lo estaban esperando escondidos y le metieron 6 balazos. Muchos aseguran que la esposa lo mandó matar para quedarse con el dinero. El crimen nunca fue investigado por las autoridades colombianas.

- Con dinero se puede hacer negocio en cualquier lugar del mundo. - dijo Lázaro.

Ambos sonrieron, cómplices. El dinero era algo que los unía, "el dinero rápido, pero no fácil", algo que nunca se cansaban de repetir. Los narcos no suelen pensar en otra cosa, solo el dinero, los placeres, la buena vida. El resto es demasiado deprimente.

Silvio le preguntó a Lázaro: - ¿Tú crees que te vas conmigo para allá? -

Lázaro dudó en responder. - No, socio, nosotros somos de agua salada y no de tierra, pero llegando el momento y de acuerdo con la recompensa, ya veremos lo que se puede hacer. -

Silvio le contó a Lázaro que en su peregrinación por México había conocido a una muchacha de la ciudad de Hermosillo, en el estado de Sonora, y que había tenido una relación con ella. Y que había sido padre de una niña a la que nombraron Carolina. Esta muchacha era parienta de uno de los capos del Norte de México.

- Esa gente trabaja duro, pero son gente muy peligrosa y violenta y yo soy un hombre de paz. - se apresuró a decir Lázaro.

- En eso no hay problema - dijo Silvio con un tono que infería confianza - ustedes en contacto conmigo y yo en contacto con ellos, me tienen a mí en el medio y no hay por qué preocuparse.

- Así puede que esté bien porque yo no tengo ningún interés de tener problema con ellos - le respondió Lázaro. - Tú sabes que nosotros no traemos en la lancha ningún arma de fuego y decimos, como dijo el barbudo en una de sus primeras mentiras, "¿armas para qué?", y después metió tanto armamento ruso al país que por poco hunde a Cuba. -

- Por poco lo hunde no es justo decir. Lo justo es decir lo hundió. - agregó Silvio.

Continuaron charlando animadamente, hasta que Lázaro le preguntó:

- Socio, ¿qué hora tiene tu reloj?

Fue Yoel la flecha el que le contestó: - Son las 12 de la noche, ya ese velero debía de estar aquí, puede que haya tenido problemas en la Isla de San Andrés o también puede haber caído preso. No podemos esperar más de las doce y media.

- Tenemos que esperar por lo menos hasta las 2 de la madrugada - dijo Jairo, con voz de preocupación.

- A las doce y media nos vamos, ni un minuto más - dijo Lázaro apoyando a su socio.

- Muchachos, si ese velero no llega yo no gano dinero - respondió el colombiano, ya un poco más nervioso.

- A nosotros nos da mucha pena contigo y con los Murillo, pero nosotros no somos responsables de esta demora - respondió Yoel y le dijo: - Pero tranquilo porque si eso que está en la proa se llega a coronar, tú vas a tener tus 20 lucas seguras en tus manos, cortesía de Trampin Company, dinero que ya te has ganado con la ayuda que le has dado al director de Trampin Company.

- Yo creo que el Flecha se ha equivocado, pues lo correcto es decir director general Yoel - le contestó Lázaro.

- Ya lo entiendo porque al jefe siempre le da más tiempo -le dijo Silvio.

Mientras que los cubanos se reían, más que nada para alivianar la tensión del momento, el colombiano sufría la demora del velero, Jairo le dio un toque serio a la charla:

- Lo que ustedes me han dicho que van a compartir conmigo me tranquiliza, porque no todo el mundo hace eso. ¿Y qué pasó Jairo con tu trabajo de pintor? Porque Jairo Fernando Murillo me había dicho que estabas trabajando de pintor y te iba muy bien, y que sabías muy bien hacer el trabajo.

- El trabajo de pintor no creo que sea menos duro que este, que de fácil no tiene nada - le dijo Lázaro.

- Eso está muy flojo, a veces se venden los cuadros y a veces no. ¿Tú crees que, si yo vendiera las pinturas y me diera el dinero suficiente para tener a mi familia, yo estuviera aquí jugándome la vida y la libertad? Yo no tengo vocación de contrabandista - respondió el colombiano pensando que Lázaro era un talentoso pintor. En realidad, pintaba paredes.

- ¿Y tú piensas que nosotros sí tenemos esa vocación? - le dijo Lázaro.

- Este trabajo para mí no es un delito, este trabajo para mí es una aventura -les dijo Yoel.

- Qué lástima que los demás y principalmente la ley no tenga la misma opinión, y si nos pescan haciendo el papel de El Corsario Negro, Emilio Salgari juega El Conde de Montecristo de Alexandre Dumas, nos van a meter una bola de años de prisión - dijo Lázaro.

- El que les tiene miedo a los perros, no puede ser cartero - dijo Silvio, y le recordó a Jairo: - A las 12:30 nos vamos. -

La mirada de los cuatro hombres estaba fijada en el este, donde debía aparecer el velero de los hermanos Murillo, pero nunca llegaría. A las 12:30 de la noche se dio la orden de salir "echando putas" o, cómo se podría decir también de manera coloquial: "quemando el tenis."

- ¿Señores nos vamos ya? -preguntó Jairo.

- Clarín corneta - contestó Lázaro y agregó: - Yo creo que se jodió el carrito nuevo de su esposa, pero no te quejes más que ya te hemos dicho que, si todo está bien, te llevas lo tuyo en el bolsillo, que si no es porque aparece Silvio, nos hubiéramos ido todos con la bola de trapo.

- Tú tienes la razón, nos hubiéramos ido todos con la bola del trapo, - dijo Jairo - porque yo estoy pensando que el velero de los Murillo cayó en combate, pobre de los marinos que venían en él. Yo conozco tres de ellos, son del pueblo mío y están recién casados y ahora van a estar años lejos de su esposa y de su familia y en especial de su mamá, que es la que en realidad sufre. Pero vamos, que el velero no viene en realidad y todavía no sabemos si es para nuestro bien o para nuestro mal.

Yoel arrancó los motores de la Mirage y la nave partió rauda rumbo oeste hacia las costas de la Florida. El mar estaba tranquilo. Las 2200 libras que el águila de la plata les había bombardeado tenían un valor en esa época en 1.100.000 dólares, a razón de $500 por libra, de las cuales el 20% era para los lancheros. 5% para Silvio y el resto para los dueños de la mercancía, los hermanos Murillo.

- Yoel, enciende las luces de navegación mientras estemos en el banco, Jairo vigila la retaguardia, yo a estribor y tú, Silvio, babor y abran bien los ojos que la patrullera Gran Inagua anda merodeando por la zona, como me lo dijo la vieja mamá, y no quiero tener que correr, esta noche no quiero dormir en Fort Hill, en Nassau.

- ¿Y qué es Fort Hill? - le preguntó Silvio a Lázaro.

- No quieras conocer ese feo lugar, porque yo no he estado ahí, pero me han contado que es muy desagradable, y si nos sorprenden los negros, vas a pasar una buena temporada ahí, con una buena patada en el trasero. Fort Hill es la prisión de las Islas Bahamas y está en Nassau. -

- Entonces voy a estar muy atento para no tener que chocar con el enemigo esta noche - dijo Jairo.

Y Lázaro, el filósofo del grupo le respondió: - No Jairo, el enemigo no son los negros bahameses, el verdadero enemigo nuestro es el miedo.

- Tienes toda la razón, - le respondió el colombiano - los nervios son los que casi siempre nos traicionan.

El Mirage continuaba navegando rumbo oeste con su tripulación y su carga. Lázaro le advirtió al Flecha: - No te pegues a la isla, recuerda lo que nos dijo la negra mamá, vamos a tomar esta precaución y entrar en el canal entre el barco hundido y Cayó del Gato, navegaremos ahí por espacio de una hora y por favor, todos en estrecha vigilancia.

- Tengo el barco hundido en la prueba de la lancha, pero no veo luces de tope de ninguna embarcación junto al barco hundido -le contestó el Flecha-, estoy viendo el helicóptero volando sobre el Cayo del Gato. Voy a apagar las luces de la consola. Saque la lona Azul por si el helicóptero nos viene encima taparnos con ella para que nos sirva de camuflaje. -

La desventaja, en ese momento, era que la noche estaba bien oscura. Después de desplegar la lona sobre la lancha se quedaron quietos, sin hacer ningún ruido, por espacio de una hora. El tiempo los apremiaba y no podían esperar más, y aún les aguardaba una gran sorpresa en la costa de la Florida.

- Me parece que el helicóptero ya se fue - le dijo el Flecha a sus compañeros luego de un tiempo que se parecía mucho a la eternidad.

Lázaro le volvió a dar instrucciones: - Recojan la lona y pon los motores en baja vamos a navegar despacio, solo con las luces de navegación encendidas para confundirlos como si fuéramos un yate que navega de Nassau a Miami.

- Tenemos unas luces por la derecha -les alertó Jairo.

- Yo creo que son unos ricachones pescando en un yate al cordero. Van pescando al curricán, porque el yate se mueve muy despacio. Como diría un viejo marino, van con velas negras.

La lancha llegó al borde del canal y todos escudriñaban el horizonte como gatos tratando de ver en la oscuridad de la noche.

El Flecha vio un indicio de peligro y les dijo: - Estoy viendo a lo lejos una arboladura de un buque que no me gusta, puede ser que sea el guardacostas americano.

- Si es el guardacostas que vimos hace un rato va rumbo sur, de seguro hacia el banco de Cayo Sal. Déjalo que se aleje, como decía mi mamá, "llévatelo, viento de agua". No podemos perder más tiempo o vamos a tener que entrar en el hueco de día, y si eso sucede, estamos fritos. Nos vamos a tener que ir como diría un boricua: "a fuego". -

Lázaro dijo, con un tono disfrazado de confianza: - Dale cuero al caballo y que la providencia nos asista. -

Entraron en La Canal, el espacio de mar que separaba las Islas Bahamas de la Península de la Florida, llamada por ellos de esa manera porque la corriente del Golfo corría por ella, corriente de agua que nace en el mar Caribe y, después de atravesar el Océano Atlántico, llega a Inglaterra, calentando la fría Gran Bretaña.

- Llegó el momento de la verdad, es hora de matar al puro o dejarse matar por él, - sentenció Lázaro y agregó - no se duerman y vigilen bien para que la corbata que vimos navegando hacia el sur no nos sorprenda. -

El Flecha puso rumbo a Miami 270° en el compás y Silvio le preguntó: - ¿No es hacia los Cayos para dónde tenemos que navegar? ¿No es allí donde tienen ustedes el hueco entre el club de los millonarios y Cayo largo?

- Si eso que tú dices es correcto, es por la carretera vieja de los cayos, entre el club de los millonarios y Cayo Largo.

- ¿Entonces por qué navegamos rumbo a Miami? -le preguntó Silvio.

- Muy buena observación -le dijo Lázaro que escuchaba la conversación y le preguntó a Silvio: - Y cómo tú si no eres marino, ¿cómo sabes que vamos rumbo a Miami?

- Bueno yo no soy marinero, pero tampoco soy tan bruto y estoy viendo en el compás 270° que es oeste franco, si estuviéramos en dirección hacia Cayo largo, hubiera puesto en el compás 240°, además si fuéramos rumbo a Miami ya es tiempo de que estuviéramos viendo la clareta de la ciudad.

La cara de Silvio mostraba más soberbia que preocupación. Sin duda había hecho esta ruta antes, pero se rehusaba a admitirlo. Lázaro sabía que nadie conoce de grados o direcciones sin haberlo estudiado o vivido. Y Silvio cara de estudioso, no tenía.

- Pero como tú mismo has dicho tú eres de tierra y nosotros somos del mar y nosotros sabemos hacer bien nuestro trabajo - Lázaro le explicó a Silvio.

- En efecto nosotros atravesamos la canal de Bimini a Miami, lo hacemos por una estrategia para desorientar los radares del gobierno, porque si el radar nos detecta haciendo este rumbo, las autoridades suponen que es un barco de pesca que regresa de las islas Bahamas. Hacer o poner rumbo a los Cayos directamente se hace más sospechoso, ese rumbo es parte de una estrategia, ya después junto a la costa ponemos rumbo sur y navegamos paralelo a ella. - explicó Lázaro con cara de catedrático, una actuación que había practicado por mucho tiempo frente a sus alumnos en la cátedra de historia.

Poco a poco las luces de las torres de comunicaciones del aeropuerto se fueron quedando atrás mientras que aparecía, al oeste, todo el resplandor de la ciudad de Miami. Solo se tropezaron durante el viaje con tres buques mercantes, entre ellos un gigantesco tanquero que los hizo sentir como hormigas al lado de un elefante. La clareta ya se fue haciendo más grande y aparecieron los primeros puntitos rojos de las luces que, por ley, tienen que llevar los edificios en sus pechos. Durante el cruce, el mar había estado en calma, pero ya en la madrugada se empezaba a levantar.

Luego de pasar por Fowey Rocks, un faro que se encuentra dentro del agua al sur de Key Biscayne, Flecha puso rumbo sur 180° en el compás hacia Key Largo, el cayo más al norte del condado Monroe. Todo el grupo estaba en máxima tensión, esa zona del mar es muy vigilada por las patrullas americanas y ninguno quería perder esa apuesta, apuesta no solo por el dinero, sino también por lo más importante para un hombre, apostaban por la libertad y por la vida.

Rumbo hacia los Cayos pasaron junto al pequeño Faro de Triunfo y después junto al faro del Atlántico de mayor altura para seguir rumbo al sur, hasta que pasaron junto a la boya de la Berreona, que indica la entrada de la Bahía de los Millonarios.

Ya pasando junto a la boya vieron flashear a su izquierda al foro de Cary Fort, dos flashes cada 30 segundos. Había llegado el momento de la verdad. Rumbearon entonces 200° con los motores en bajas revoluciones, y con los escapes húmedos muy silenciosos, avanzaron hacia el famoso "hueco de los amarrados".

Esa es una pequeña entrada en la mangle, usada a veces por pescadores alegres y langosteros y otras veces por contrabandistas. El lugar se comunica con la vieja carretera de los Cayos, que nace en Florida City y muere a la entrada de Cayo Largo.

El "hueco de los amarrados" comunica el mar a través de un trío o vereda entre el mangle con la carretera vieja de los Cayos. La vereda es tan estrecha que solo permite el pase de un vehículo. Tiene solamente media milla de largo entre los árboles, y es tan oscuro de noche que es imposible verse las manos. Los racunes, los mapaches y las serpientes abundan en este manglar, que es hoy un santuario de animales y plantas del estado de la Florida.

Al llegar allí, los lancheros se enfrentaban al servicio de guarda costa de los Estados Unidos, al servicio de aduana al servicio de Frontera, a la patrulla marítima, a la patrulla de conservación de vida animal, a la policía local y si esto fuera poco, a los tumbadores, o sea, los ladrones que roban a los traficantes.

Yoel y Lázaro suponían que ya Manolo y Rosendo, sus cómplices en tierra, habían tomado posición en el área y pusieron a un hombre con un radio en la entrada del sendero con la misión de dar la voz de alarma o aviso de cualquier visita inesperada o inoportuna. Y que además tenían un camión listo para transportar la droga a Miami.

A los hermanos Murillos les había llegado la mala noticia de que el velero había tenido problemas técnicos en la isla colombiana de San Andrés, y no llegaría a tiempo al lugar previsto aquella noche. Y ellos le habían dado aviso a Manolo y a Rosendo para que no fueran a esperar al hueco, y así no tendrían que sufrir los molestos mosquitos y la mala noche. Por lo tanto, ni Manolo ni Rosendo habían ido a esperarlos, se habían quedado en sus casas, al calor de sus esposas y roncando como locomotoras.

La lancha llegó frente al "hueco de los amarrados" y Yoel detuvo los motores para que la inercia los transportara los últimos metros. Era evidente que estaban totalmente solos para descargar los 56 bultos. Los cuatro hombres con los nervios de punta y la adrenalina a flor de piel intentaban ver los búhos a su alrededor. La lancha se acercó a la orilla con la lentitud de un tigre acercándose a su presa. Pero en este caso la presa podía esconder 100 agentes federales listos para aprenderlos.

- Hermano, dale la señal convenida a Manolo. Ya estamos a menos de 100 metros del morro de la entrada del canal. –

Lázaro sacó del bolsillo de su pantalón una pequeña fosforera y la chasqueó dos o tres veces. La piedra sacó chispas que iluminaron la noche.

Y todos, con un silencio sepulcral, esperaron respuesta. Debía ser la misma, tres chispazos de la fosforera de Manolo o Rosendo.

Nada.

El Flecha le dijo a Lázaro: - En el hueco no está la gente nuestra, no está ni Manolo ni Rosendo. -

- Este hueco está maldito, teníamos que haber programado el trabajo por el hueco de la planta - le respondió Lázaro.

- El hueco de la planta está echando humo. - le dijo Yoel - Hace una semana corretearon al chino por allí y por poco lo cogen, pero no te desesperes y espera, vuelve a chasquear la fosforera.

Lázaro le hizo caso a su amigo con el mismo resultado y le dijo: - Hermano en esta circunstancia no nos queda más remedio que tomar una decisión, porque esto que nosotros traemos no acepta devolución. Lee la etiqueta para que te des cuenta de que no lo podemos devolver de dónde lo recogimos.

Silvio los interrumpió, visiblemente alterado: - Y entonces muchachos, ¿qué podemos hacer ahora? ¿Lo trajimos de tan lejos para ahora venir a perderlo aquí? Es bien triste.

- Pégate al morro de la entrada del canal - dijo Lázaro tomando control de la situación - que voy a desembarcar y a reconocer el área a ver qué pasa, pues no podemos seguir perdiendo el tiempo. Nos va a coger las 12 del día en esta situación. Voy a revisar el hueco y si en 10 minutos no le doy señal con la fosforera, llévense esto de aquí y escóndanlo en el mangle. Yo creo que lo más conveniente es que lo escondan en el hueco del chapín que está cerca de aquí y que tú conoces muy bien. Ese hueco está bien frío porque hace tiempo que no trabajamos por él, pero ten mucho cuidado que la marea estalla y te puedes encallar. Recuerda que este equipo viene bien cargado, clávalo todo bien escondido y mañana amanecerá y veremos, porque si la mona está en el hueco esperando, lo más seguro es que me arresten por sospecha. Pero ahora no perdamos más tiempo, pégate ya al morro de entrada.

Este proceso mental de pesar las consecuencias a largo plazo de cada viaje era una rutina en la vida de Lázaro, Yoel y muchos otros contrabandistas de la zona. Se llama "vivir al borde, peligrosamente" y era lo que a muchos de ellos más les gustaba de este trabajo. Tal vez para cualquier otro mortal suenen como excusas de gente sin ley, dispuestos a cometer crímenes por amor al dinero. Es lógico pensar eso, pero sin duda es difícil de entender sus conciencias sin haber vivido esos momentos. Por eso lo más inteligente, en mi opinión, es darles el beneficio de la duda.

Yoel no se hizo esperar y pegó la proa de la embarcación al promontorio que había en la punta del canal y Lázaro saltó a tierra como un gato.

Yoel exclamó al verlo brincar como un mono: - Yo creo que este es más rápido que yo, y eso que es más viejo. -

Lázaro se perdió en la oscuridad. El Flecha volvió a despegar la lancha de la punta del canal y se pusieron a esperar la señal de Lázaro. Después de varios minutos interminables vieron tres destellos a la distancia. Era la fosforera. Silvio, sin poder contener su emoción, les dijo a sus compañeros:

- La señal, vamos para adentro. -

Yoel dirigió la lancha por el estrecho canal hacia el rústico mueble de madera y la pegó a él.

Silvio saltó al encuentro de Lázaro, y este le indicó: - Vete para la entrada del canal y vigila por si viene alguien que no esté invitado a la fiesta del cumpleaños.

Lázaro había tomado esta decisión por dos razones: primero para no ser sorprendido en la operación de descargue, y segundo para alejar a Silvio y que este no supiera dónde él clavaría los 56 paquetes, porque de todo el grupo, él era el menos confiable y más peligroso.

Después se dirigió a Jairo y le dijo: - Entra en la cabina y empieza a sacar los paquetes. Dámelos. -

Los 56 paquetes de 40 libras se sintieron como 100 de 100 libras. Uno por uno emergía de la cocina de la lancha. Había que esconderlos en el monte en plena oscuridad, una oscuridad donde no se podían ver ni una mano. Esta maniobra la habían hecho demasiadas veces en el pasado, ya no tenía misterio. Pero si el peligro de que las descubrieran los ladrones o las autoridades. De ambas formas estarían perdidos. Ocultándolas ahora, al menos tenían una chance de volver a buscarlas en otro momento, de día, sin el peligro que representa la noche.

Jairo, con un paquete en su hombro, comentó: - Dinero fácil verdad, el que no sabe es como el que no ve. -

Jairo sacaba los paquetes de la cabina y Lázaro lo escondía en el monte, y en una hora entre los 3 mientras que Silvio vigilaba el camino. Habían hecho un esfuerzo descomunal, pero al final quedaron escondidos todos los paquetes de droga en el mangle.

Después todos abordaron la lancha, y aunque estaban muy cansados, salieron rumbo al faro y de allí a mar abierto para poder limpiar bien la lancha. No podían dejar ni la mínima semilla, porque cualquier evidencia de lo que ellos habían traído, corrían el riesgo de perder la lancha. Aunque lo peor había pasado, todavía existía la posibilidad de tener un encuentro con alguna lancha de la autoridad camino a Miami. Y si les chequeaban el bote, tomando en cuenta el perfil racial de todos ellos, y les encontraban una sola semilla, iban todos presos.

Muchas veces los mismos policías sembraban la evidencia. Llevaban la semilla en la boca y la escupían dentro de la lancha con mala intención. En resumen, si tenían la mala suerte de toparse con alguna patrulla, perderían la lancha y serían arrestados por el cumplimiento de la ley de mínima tolerancia, vigente en aquellos tiempos en qué la marihuana era algo peor que el alcohol, el tabaco y las armas de fuego.

- Ahora tenemos que limpiar bien el salón de la fiesta - dijo Lázaro recargando la palabra fiesta con ironía.

Yoel agregó: - Este trabajo es duro, pero lo tenemos que hacer. -

Una vez amarrados al muelle en Crandon Park, la tripulación agotada, con la ayuda del detergente y las escobas, se ocuparon de blanquear la escena del crimen. Barrieron la lancha tirando agua de mar que las bombas de achique del bote se encargaron de sacar.

Lázaro lavó una camiseta blanca que se había puesto verde. El mar se puso malo, el viento levantaba las olas y ellos se apuraron a terminar la limpieza. Al finalizar la desinfección salieron rumbo norte. Ya había amanecido y todos estaban muy cansados, pero contentos porque había concluido la primera etapa del trabajo.

Llegaron a la casa de Yoel el Flecha y Lázaro le dijo:

- Voy a llamar a Manolo para saber por qué razón no fue a esperarnos, y le voy a decir que se prepare para esta noche y nos ayude a recoger la mercancía en el hueco de los amarrados, ni Jairo puede ponerse en contacto con sus patrones, los Murillo, ni Silvio con su gente.

Todos estuvieron de acuerdo en llegar a un apartamento que tenía Yoel el Flecha en la calle 104 del SW y la 107 Avenida, frente al Miami Dade College. Un apartamento de soltero en donde todos se acomodaron cómo pudieron y se quedaron dormidos vencidos por el sueño.

Sobre las 4 de la tarde, lo despertó el toque del timbre de la puerta, Yoel se despertó de un salto y abrió la puerta. Era Manolo que los venía a buscar, pero muy bien acompañado, a recoger lo que ellos habían dejado escondido en el mangle del hueco de los amarrados.

- ¿Cómo está todo caballo? ¿Cómo le fue la cosa? - fue el saludo de Manolo.

Yoel le contestó: - Todo está muy bien hermano, si se pone mejor se rompe; estamos listos para la pelea.

Manolo le contó que el velero de los hermanos Murillo había tenido un problema en la isla de San Andrés, que no llegaría a tiempo y les recomendó que no fueran al hueco para no calentarlo.

Lázaro entró en la cocina en lo que el Flecha colaba café y le dijo a Manolo, enfadado: - De ahora en adelante cuando nosotros estemos fuera ustedes nos van a ir a esperar y solo van a suspender el viaje por una orden directa de Yoel o mía, una orden a viva voz.

En ese momento entraron a la cocina Silvio y Jairo, Lázaro se dirigió a ellos y les dijo: - Todo está listo, afuera está el camión refrigerado para mover el pescado -

En efecto Manolo y Rosendo tenían un camión refrigerado, como el que comúnmente se usa para traer mariscos de los Cayos de la Florida a las pescaderías de Miami. El camión era una coartada perfecta para no levantar sospechas.

- Está muy bien, pero ahora ve por favor al restaurante chino de la 137 y la 88 y compra un arroz frito familiar, o mejor dos especiales con todos los hierros y dos sopas chinas también familiares y cuatro raciones de alitas de pollo con miel para comer antes de salir -le pidió Lázaro.

El resto del grupo tomó una ducha y después no le quedó más remedio que volver a ponerse la ropa mojada que traían del día anterior. Mojada y sucia, con peste a marihuana, porque Yoel el Flecha está demasiado delgado y su ropa no le venía bien a nadie.

Después de comer arroz frito, sopa china y alitas de pollo en miel y por supuesto café cubano colado por Lázaro, salieron para el hueco de los amarrados. Manolo y Yoel abordaron el camión de la pescadería nombrada García e hijos. Silvio, Jairo, Rosendo y Lázaro los siguieron en un Ford Bronco rojo, propiedad de Lázaro.

Tomaron el Florida Turnpike rumbo sur y llegaron a Florida City, y como era de costumbre en la pescadería el tiburón, compraron todo lo necesario para formar el espectáculo de pescadores alegres. Compraron carnada, hielo, papitas y refrescos. No necesitaron nada más porque Lázaro tenía en su camión todo lo demás, todos los avíos de pesca necesarios por si las moscas, o mejor dicho, si chocaban con alguna patrulla de la autoridad, Florida Marine Patrol, aduaneros y conservación de vida animal.

Salieron del tiburón a tomar una carretera vieja y pasaron por el puente del camello que divide los condados Monroe y Dade. Lázaro se había retrasado un poco para dejar que el camión de la Pescadería entrara primero en el hueco de los amarrados. El camión refrigerado entró por el estrecho trillo entre los mangles. Después entró el Bronco, y Lázaro dejó a Jairo en la entrada del hueco con un radio de 2 metros para que sirviera de vigilante y diera la alarma de la visita de algún intruso. Cuando Lázaro, Rosendo y Silvio llegaron al final del camino que entronca con el mar, ya Yoel el Flecha y Manolo estaban terminando el trabajo de cargar el último paquete.

Lázaro llamó a Jairo por el radio y le preguntó: - Muchacho dime, ¿cómo andan las cosas por tu casa? ¿Anda por allá Tarzán? - Lázaro se refería al Tarzán que siempre anda acompañado por la mona Chita, y la mona es el nombre que en el calor popular cubano se le da a la Policía.

- Yo no veo por aquí al rey de la selva -le contestó Jairo.

- Silvio vete tú en el camión de la pescadería con Yoel y deja 12 paquetes, que son nuestro pago, en la finca de Rosendo. - dijo Lázaro.

Silvio protestó: - Lázaro no son 12, son 11. -

- Son 12, porque si no hubiera sido por nosotros, lo habrías perdido todo -le dijo Yoel el Flecha.

Silvio comprendió, en ese momento, que era inútil discutir, Lázaro tenía razón y buenos motivos para reclamar ese paquete extra.

Cuando Lázaro se refería a la finca de Rosendo, lo hacía refiriéndose a una pequeña finquita de 5 acres, que Rosendo tenía en la calle 184 del South West Miami, en lo que se conoce como los Redlands.

- Está bien hermano, yo me llevo a Silvio conmigo y después los ayudo a entregar la mercancía a sus dueños, cuenten conmigo en todo lo que pueda colaborar -

Al despedirse Silvio le dio un fuerte abrazo a Lázaro y le dijo: - Me has tirado tremenda toalla, y lo voy a tener siempre en cuenta. -

Yoel y Silvio salieron en el camión de la pescadería, llegaron a la entrada del hueco en la carretera vieja y tomaron rumbo sur hacia Cayo largo para no tener que pasar por el puente del camello, donde está el toll que divide los condados. Lázaro sabía que los empleados que cobran el pasaje tenían un complejo de policías y le servían de confidente a la policía real. Llegaron al entronque con la US1 y allí tomaron rumbo norte; Lázaro, Rosendo, Manolo y Jairo lo seguían a prudencial distancia con el Ford Bronco.

Silvio se dirigió a Yoel y le dijo: - Baja la ventanilla y pon música que eso espanta a la mona.

- Deja las supersticiones que lo que está para ti, nadie te lo quita, y cuando te toca, aunque te quites y cuando no te toca aunque te pongas.

- Socio, no es superstición, es psicología popular - respondió Silvio con una sonrisa en los labios, esa que surge cuando alguien se da cuenta que ya podía respirar tranquilo, que lo peor quedaba atrás.

Yoel pensó que Silvio podía tener razón. Bajó la ventanilla y puso la radio en una emisora latina donde justo estaba sonando una canción de Frankie Ruiz, un famoso cantante portorriqueño que fue compañero de celda de Lázaro, que dice:

"Y como lo hacen - yo no se
Cuál es el negocio - sepa usted..."

Corrieron por la US-1 rumbo norte y llegaron al pedazo más peligroso del camino, la ciudad de Florida City. El camión tomó la avenida 177 y el Bronco tomó el Florida Turnpike. Se habían dividido para no hacer caravana. Yoel y Silvio con el camión de la Pescadería subieron hasta la calle 184 del SW Eureka y allí hicieron derecha para llegar a la finca de Rosendo, donde dejaron los 12 paquetes que era el pago de los lancheros. Después de dejar los 12 paquetes Yoel y Silvio se fueron a entregar los paquetes a los dueños del trabajo

Terminando todo, Yoel el Flecha llamó a Lázaro por teléfono y le dijo: - Pichón en jaula, Paloma voló, misión cumplida, mañana nos vemos pues hoy estoy demasiado cansado. Ve llamando a Ernesto para ofrecerle lo que tenemos y fájate por el precio, no menos de 500 varos por libra. -

- Está bien - respondió Lázaro.

- Mañana nos vemos en la oficina - dijo Yoel antes de colgar.

Ellos llamaban "la oficina" al bar El Floridita de la avenida 22 y la calle tercera del NW, donde ocasionalmente se reunían. Ahí despachaban sus negocios tomando cerveza Yoel y Lázaro agua mineral. Ahí los dos amigos conversaban con las titis, las empleadas centroamericanas del bar que a cambio de una buena propina, les daban protección.

Al día siguiente, sobre las doce del mediodía, Yoel y Lázaro se encontraron en el bar, y juntos fueron a almorzar pescado fresco a la camaronera de los García, la pescadería que está en la calle Flagler y la Avenida 18 del SW. Al lado queda el supermercado El Libanés.

Mientras disfrutaban de una muy buena sopa de pescado y comiendo una fritura, en espera de 2 filetes de pargo que les estaban friendo, Yoel le explicó a Lázaro: - Ya el loco recogió el material que le di, me dijo que pagaría 500 dólares por libra y que por la noche me entregaría el dinero.

- Hubiera sido muy buen negocio que Silvio nos hubiera dejado el resto de la mercancía para venderla nosotros y nos hubiéramos buscado algo más en la venta - le dijo Lázaro a su amigo.

- Yo se lo pedí, pero él dice que en New York le podía sacar más plata - le respondió Yoel.

- ¿Miguel va a llevar tan lejos esa mercancía manejando él solo todo el camino? - le preguntó Lázaro.

- Él no estaba solo, lo acompañaban dos individuos, supuestamente sus socios y amigos, yo creo que eran los dueños del trabajo porque los dos son colombianos y por su acento creo que costeños de Barranquilla o samarios - le contestó Yoel, el Flecha.

- ¿Y tú conoces a alguno de ellos? - le preguntó Lázaro.

- No, nunca los he visto en mi vida, solo sé porque escuché a Silvio pronunciar sus nombres, que uno se llama Salim y el otro Pacho. El tercero se llamaba Alfonso.

- Pero esos fueron los que tuvieron problemas con él - le dijo Lázaro a su amigo - Supuestamente lo estaban buscando para matarlo.

- Yo no sé de lo que hablas Julito, por lo que yo pude ver y apreciar, él tenía mucha confianza y amistad. - respondió Yoel.

- Lo que pasa es que tú no estás al corriente de la historia. - le dijo Lázaro - ¿Tú recuerdas el problema que Silvio tuvo años atrás? ¿Qué le costó la vida a Aracel, el Gordo y a Julito, el Paisa? Pues esos son los tipos que le prepararon la trampa a ellos para justificar una gran cantidad de dinero que supuestamente le debían unos capos colombianos. Tenían que entregar algunas cabezas y les tocó a esos infelices muchachos pagar el precio máximo.

- El que no está enterado de nada eres tú mi socio. - le respondió Yoel - Lo que pasó fue que Silvio se dio cuenta que Henry lo quería entregar para echarle toda la culpa del robo, llamó a su jefe en Cuba, el mayor Camejo, desde un teléfono público en la carretera de regreso y le contó lo que estaba pasando. Este, luego de consultar con sus superiores, llamó a los hermanos Murillo, con quienes trabajaban hace mucho tiempo, para que ayudaran a Silvio a salir con vida de este problema. Henry no se podía enterar, porque perdería confianza en los colombianos de inmediato y, peor que todo, creería que la deuda todavía no había sido pagada. El plan era que Silvio dijera que tenía el dinero escondido y uno de los hombres de Henry, que en realidad trabajaba para los Murillo, lo acompañara a buscarlo. El trato era que Silvio se iba a quedar con $300.000 del medio millón y ellos luego lo ayudarían a esconderse en California con el resto del dinero, hasta que se enfriara el asunto. -

- Que mentiroso este comemierda. - dijo Lázaro sin poder creer lo que estaba escuchando.

- Espera, esto no termina ahí, - contó Yoel - lo que te contó de la estación de policía es pura mentira, lo único cierto es que dejó a sus amigos a la merced de esos criminales para salvar su pellejo. Al final, como tu sabes muy bien, Henry y sus sicarios mataron a Aracel y Julito a batazos luego de torturarlos, mientras Silvio se iba tranquilamente con su dinero a California. Tremendo amigo que era. -

- ¡Ñooooooo, que heavy, bro! O sea que este tipo prácticamente mandó a matar a sus amigos. - reaccionó Lázaro con disgusto.

- ¡Si, claro! Tú bien sabes que todos los que estamos en este negocio, no tenemos el mismo honor ni los mismos principios, todos no son familia, la mayoría son cómplices ocasionales. Pero estos eran sus amigos de la infancia, todos marielitos, que se conocían de toda la vida. Cuando escuché esa historia me sentí enfermo del estómago. - dijo Yoel con tristeza en sus ojos, que mezclada con el cansancio y los nervios de las últimas horas lo hacían ver como un anciano.

- Si eso que tú dices es pura verdad, - dijo Lázaro visiblemente preocupado - de ahora en adelante con Silvio hay que tener mucho cuidado, a mi me contó una historia muy diferente, me mintió descaradamente. Me hizo creer que se salvó de milagro, entrando en una estación de policía y que había engañado al sicario. Pero según lo que tu me dices, todo estaba arreglado y lo dejaron libre sin problema. -

Si, y aquel mismo pistolero que supuestamente lo iba a matar, recogió el dinero y se lo llevó a los Murillo. Eso ya estaba todo arreglado. - comentó Yoel, viendo la cara de sorpresa de Lázaro.

- Me has dejado con la boca abierta, hijo mío, ¡y yo que le creí cada palabra! -

- Fue así - respondió Yoel. - yo pensé que conocías su historia y que estabas bien con eso. Cuando vi aparecer a Silvio en la marina y tú lo recibiste con una sonrisa, aunque me pareció un poco raro, me dio la impresión de que le habías perdonado lo que hizo. O que al menos no te molestaba. -

- ¿Perdonar? ¡Jamás! Los amigos son sagrados, más cuando creciste con ellos, viviste las mismas mierdas que todos pasamos en Cuba. ¡Ellos vivían juntos! Yo jamás le voy a perdonar lo que hizo, y cuando lo vuelva a ver le voy a pedir que me cuente la verdad y que me explique cómo fue capaz de semejante traición. - dijo Lázaro visiblemente enfadado.

Hizo una pausa porque la mesera había llegado con los pargos fritos y los puso en la mesa. La mujer se retiró en silencio porque se dio cuenta que los comensales estaban hablando de algo muy serio.

- Aunque dudo mucho que lo quiera volver a ver. - agregó Lázaro, ya un poco más calmado después de la interrupción - Yo se que somos delincuentes para muchos, pero inclusive entre nosotros hay un código de honor. A la familia y los amigos se los respeta, se los cuida. Quien deja morir a sus amigos así, a batazos, merece un lugar especial en el infierno.

Lázaro miró hacia abajo y comenzó a comer su pargo frito, porque no quería que se le enfriara.

CAPÍTULO 4

OPERACIÓN ALI BABA

- Ayer me llamo el negro Arthur, y quiere que lo veamos en Bimini lo más pronto posible, me dijo que tiene un trabajo para nosotros - le dijo Lázaro a su amigo mientras miraba el menú, sentados en la mesa del restaurante/oficina donde pasaban la mayoría del tiempo que permanecían en tierra firme.

- ¿Y qué tú quieres hacer? - le preguntó Yoel.

- Podemos ir Manolo, tú y yo en la Corza, lo voy a llamar para que nos espere en el Hotel Amarillo el sábado.

Tal como lo habían planeado el sábado en la mañana, los tres amigos salían de Miami con rumbo este. Ya al mediodía estaba entrando por el canal y 10 minutos más tarde amarraban la embarcación en el muelle del Bron. Era obligatorio pasar por la oficina de aduana para regularizar su estancia en la isla, así que después de hacer el trámite y darle al oficial los 100 dólares mandatorios de "propina" que compraban silencio, fueron directo a la fonda de Mamá a almorzar. Al entrar por la puerta encontraron a 4 cubanos sentados en una mesa que, al verlos, actuaron con nerviosismo, como si los estuvieran esperando.

Manolo, sorprendido por no conocer a ninguno, hablo primero:

- ¿Ustedes vienen de Miami?

- No, nosotros venimos de Panamá - le respondió uno de ellos.

- ¿Ustedes vienen de Panamá en barco? - le volvió a preguntar Manolo.

- No, nosotros venimos de Panamá en avión - le respondió Rosendo, que era el nombre de aquel cubano.

A finales de la década de los años 1980, se firmó un acuerdo secreto entre el gobierno de la República De Panamá, bajo la presidencia del general Antonio Manuel Noriega, y el Ministerio del Interior Cubano para crear lo que parece mucho a un negocio moderno de ventas de esclavos. Noriega le vendía visas al Ministerio del Interior de Cuba a razón de 4 mil dólares por persona, y el que quería salir de la isla se la podía comprar por $9.000 al gobierno de Castro a través del MC, una división del MININT creada especialmente para generar ganancias para la revolución y burlar el bloqueo norteamericano. El director del MC fue, hasta su muerte, el coronel Antonio de la Guardia, uno de los fusilados por el gobierno castrista en 1989.

Cuatro mil dólares para Noriega y 5 mil para el MC cubano: negocio redondo. Pero aquellos que pudieran abandonar Cuba, tenían que ir a Panamá y encontrar la manera de llegar a su destino final, el que para muchos eran los Estados Unidos de Norte América.

El viaje desde Centroamérica y la frontera del sur era, y sigue siendo, extremadamente peligroso. Por lo que un cubano de Miami, dueño de un avión D18 de dos motores se le ocurrió la genial idea de generar ganancia con la desesperación de la gente y empezó a llevar cubanos desde Panamá hasta las Islas Bahamas.

Como los cubanos le ponen sobre nombre a todo, le comenzaron a llamar "La Palangana" porque el avión estaba en pésimas condiciones, y a los que viajaban en él les decían "los palanganeros.

Palanganeros eran los 4 cubanos que estaban sentados en esa mesa de la fonda de Mamá.

Lázaro llamó a la dueña y le dijo:

- Pon en mi cuenta lo que consumen mis paisanos. - Después se dirigió a Rosendo y le preguntó: - ¿Son solo ustedes los cubanos en la Isla?

- No socio, el Hotel Amarillo está lleno - contestó Rosendo, el cubano que mas hablaba el grupo, los demas parecian cansados, timidos o asustados.

- ¿Quién viene al frente de ustedes? - le preguntó Yoel.

- Nadie viene al frente, cada cual viaja por su cuenta.

- ¿Y cómo piensan ustedes llegar a la Florida? - preguntó de nuevo Lázaro.

- Bueno hermano eso está en manos de mi familia en Miami y en las manos de Dios.

- ¿Y su familia en Miami tiene un bote? - preguntó Manolo.

- No sé, pero ellos sabrán que tienen que hacer, mantenernos aquí les va a salir más caro que en Cuba.

Los cuatro cubanos terminaron de almorzar, le dieron las gracias a Lázaro y salieron caminando hasta el hotel Amarillo.

Manolo comentó: - El comunismo le ha hecho perder a nuestros paisanos en Cuba la responsabilidad financiera que se tiene después de ser uno mayor de edad. En Cuba se cree que la gente de Miami los tiene que mantener siempre. Y gritan a voz fuerte "los americanos nos tienen que dar".

Todos asintieron con la cabeza. Luego de comer y pagar la cuenta, salieron al hotel Amarillo a alquilar una habitación y esperar alli a Arthur.

Llegaron al hotel, se acomodaron en sus habitaciones y después subieron a hablar con los cubanos que habían llegado en la palangana, Lázaro, al ver las condiciones en la que estaban viviendo y también por compasión y respeto a sus compatriotas, repartió 2000 dólares entre los palanganeros. Los dejó a todos diciendo gracias y luego bajó a la marina a llenar el tanque de gasolina de la lancha. Yoel y Manolo se quedaron hablando con los palanganeros.

Primero bajó Manolo y Lázaro le preguntó:

- Y Yoel porque no bajo también?

- Se quedó hablando con una señora cubana que viene con las hijas - le contestó Manolo.

- Y qué edad tienen más o menos la señora y las hijas? - le preguntó Lázaro.

- Yo creo que la mamá tiene unos 45 o 50 años y las niñas 18 o 20 años, porque son dos.

- ¿Y cómo lucen? - preguntó de nuevo Lázaro.

- La vieja es una guajira que luce regular, pero las niñas, son dos caramelos.

En esa charla estaban cuando vieron llegar a Yoel, y Lázaro dirigiéndose a él le dijo:

- Ni lo pienses, nosotros vinimos a hablar con Arthur y nada más.

- ¿Estás de adivino ahora? - le preguntó Yoel.

- No soy adivino, pero te conozco - le respondió Lázaro.

- ¿Y tú qué crees? - le preguntó Yoel a Manolo.

- A mí no me metan en problema, yo solo soy el mecánico, pero la Biblia dice: Haz bien y no mires a quien -

- Bien, uno filántropo y el otro evangélico, vamos a esperar que llegue Arthur y después decidimos - terminó diciendo Lázaro con media sonrisa en el rostro. Sabía que tenía la mitad de la batalla perdida. -

No tuvieron que esperar mucho, porque esa misma noche llegó Arthur. Pero estaba solo, llegó acompañado por un hombre que él presentó como un panameño de nombre Noel Camejo.

- Mucho gusto, yo soy Lázaro, él es Yoel y este Manolo. - apellidos nunca, era una costumbre entre contrabandistas dar la menor cantidad de información personal.

Fueron los 5 a la habitación del hotel, una vez adentro Arthur tomó la palabra:

- Este señor es Camejo, él tiene una mercancía en Sabana del Mar, Jamaica, y un barco en los cayos de la Florida. Solo necesita dos buenos marinos para que vayan a Jamaica y se la traigan a la Florida.

- ¿Y de qué estamos hablando? - le preguntó Lázaro.

- De 5 mil libras de yerba sin semilla - le contestó Camejo.

- ¿Y de qué tipo de embarcación? - fue la pregunta de Yoel.

- Un Grand Banks de 50 pies de eslora, con dos motores Caterpillar doble turbo 3208 y mil galones de petróleo en tanque - le respondió Camejo.

- ¿Y con mil galones?, yo no creo que dé para ir y regresar - les preguntó Yoel.

- En ese punto es donde menos problemas vamos a tener, porque podemos navegar en aguas cubana y en el Cabo de San Antonio nos pueden dar petróleo - le respondió Camejo.

- ¿Y quién nos va autorizar a hacer eso? - le preguntó Lázaro.

- El Departamento MC del Ministerio del Interior y la Marina de Guerra Cubana - le respondió Camejo con una sonrisa cómplice.

- Para poder hacer negocios de este tipo, lo primero que tenemos que hacer es no andar con mentiras, - dijo Lázaro con mucha seriedad - usted dice que es de Panamá, pero yo no creo, usted es cubano, y si es de Panamá, es de un barrio que se llama así y está en Marianao.

- Sí, tiene razón Lázaro, yo soy cubano, y soy oficial de la Marina de Guerra cubana, por eso les hablo con tanta seguridad - le respondió Camejo.

- Por lo que usted dice, ¿la Marina de Guerra Cubana y el Ministerio del Interior nos van a proteger? - le preguntó Lázaro.

- ¿Y qué prueba tenemos nosotros de eso? - preguntó Yoel.

- Primero mi palabra, y segundo algo que les voy a explicar, el MC del Ministerio del Interior es un Departamento creado para romper el bloqueo y recaudar divisas, la mercancía que vamos a llevar donde mejor se puede vender es en los Estados Unidos y con ese dinero vamos a poder comprar cosas que Cuba necesita. Sin la ayuda de ustedes no podemos hacer nada, si la operación falla, los que más vamos a perder somos nosotros - explicó Camejo.

- Si el viaje se cae, Cuba pierde lo que pagó por la mercancía y lo que le costó comprar el barco, más o menos medio millón de dólares, que para cualquiera es mucho dinero - les dijo Yoel, y agregó -: Es su plan y usted se va con nosotros, ¿no es cierto?

- ¿Cuándo nos vamos? - preguntó Camejo.

- ¿Y usted tiene papeles, señor Camejo? - le preguntó Lázaro.

- Sí, tengo papeles panameños con visa de Estados Unidos.

- Bueno a lo que vinimos, Manolo y Yoel pueden ir echando gasolina en lo que yo cuadro el Hotel y despido a Arthur - ordenó Lázaro.

Lázaro llegó junto a la lancha y encontró todo listo para partir, pero no con 4 pasajeros, sino con siete, pues entre Yoel y Manolo se habían puesto de acuerdo y tenían sentadas en el asiento, junto a los motores, a las tres palanganeras, la señora y sus hijas. Lázaro no dijo una palabra porque ya, en su mente, había aprobado el favor y no quería insultar a nadie. Pensó en su familia, amigos y toda la gente que él mismo ayudó a salir de Cuba y recordó que esas acciones suavizan el alma y crean buen karma.

Entre Camejo y Manolo soltaron cabos, y con Yoel al timón la lancha comenzó a salir por el canal.

Había dado comienzo la operación Ali Baba.

- No te preocupes hermano que las mujeres enfrían - le dijo Yoel en baja voz a Lázaro.

- Sí, claro que enfrían, pero si nos cogen con 3 ilegales perdemos la lancha y hasta Camejo va preso, pero de verdad que hay que hacer el bien - le contestó Lázaro.

Como quien hace el bien y sobre todo sin interés, tiene ganado un lugar en el cielo, todo salió bien aquel día y Manolo y Yoel acompañaron a Teresa, Caridad y Barbarita, que era el nombre de las tres cubanas, hasta la Pequeña Habana a la casa de un hermano de Teresa, donde por toda recompensa los invitaron a tomar café.

Lázaro, mientras tanto, llevó a Camejo a Cayo Maratón donde estaba amarrado el Ali Baba, que era el nombre del bote

Grand Bank que los llevaría a otra nueva aventura junto a sus antiguos enemigos transformados en aliados y donde el oficial cubano pasaría la noche.

"El dinero tiene esa extraña cualidad de unir a la gente", pensó Lázaro mientras manejaba, recordando que durante la mayoría de su vida adulta había sentido un profundo odio hacia el régimen cubano. Tres agujeros de balas en su cuerpo no lo dejaban olvidar.

Al día siguiente los tres socios se reunieron en el apartamento de la bella Sofía, la amiguita preferida de Lázaro, y después del almuerzo y tomar café, Lázaro tomó la palabra:

- Señores este es un asunto muy delicado y la debemos hacer en la mayor reserva, estrictamente confidencial.

- ¿Y ustedes creen que podamos confiar en este tal Camejo que según él es un hombre del aparato? - les dijo Manolo.

- Este es un juego de apuestas en todo, si nosotros perdemos, él pierde también, porque la mercancía nada vale hasta que no llegue a la yuma, donde está el dinero, el de los jamaiquinos, el de los cubanos y el nuestro.

- Tenemos que decidir ahora, yo estoy dispuesto a hacer el trabajo. El que nada arriesga nada gana, y nosotros siempre nos hemos arriesgado. - comentó Lázaro mirando fijamente a los ojos de Yoel.

- Pues si tú crees eso, suelta el venado - le dijo Yoel.

- Yo no me voy a quedar en tierra, yo me voy con ustedes - les dijo Manolo.

Lázaro tomó el teléfono y llamó al número que le había dado Camejo, hablo con él y se dirigió a sus compañeros:

- Camejo nos espera en una finca en Homestead, me dio la dirección. La finca se llama El Cantero.

- Pues adelante y ya, vamos tumbando - les dijo Manolo.

En la finca se encontraron con Camejo, y a la reunión se unieron Luis el Grande y El Moto, los demás integrantes del grupo de Lázaro y después de las formalidades Luis tomó la palabra y sin perder el tiempo, les preguntó:

- ¿Qué planes tienen ustedes para hacer este trabajo? Camejo ya me ha explicado de qué se trata. -

Lázaro, el que más experiencia tenía en el asunto, tomó la palabra:

- Según lo que el señor Camejo nos explicó, nuestro trabajo es traer de Jamaica algo que ustedes tienen allá en Sabana del Mar y para tal fin nos van a facilitar un Gran Bank con mil galones de petróleo.

El Moto interrumpió a Lázaro:

- Un barco nuevo de paquete y que hace 20 mudos.

Lázaro continuó:

- Camejo también nos explicó qué tanto navegando hacia Jamaica, que viniendo de ella nosotros podíamos navegar en aguas cubanas, y que de tener algún problema con el petróleo, los cubanos nos podrían dar en el cabo de San Antonio.

- Eso es así - corroboró Luis.

- Si la cosa es así se puede deducir que estamos trabajando con el Gobierno Cubano.

Lázaro fue interrumpido por Camejo.

- Con el gobierno cubano no, estamos trabajando con MC.

- ¿Y qué es en realidad MC? - preguntó Yoel.

- MC es un departamento - le respondió Camejo.

- ¿Un departamento de qué ministerio en Cuba? - preguntó de nuevo Yoel.

- Del Ministerio del Interior - le respondió Camejo.

De nuevo sin sacar el dedo del renglón Yoel le dijo:

- Del Ministerio del Interior del gobierno cubano, yo entiendo que eso es trabajar con el gobierno de Cuba, sí puedes navegar dentro de sus aguas, sí nos pueden dar petróleo en caso de necesidad, pues con el control que ustedes tienen nadie puede hacer algo así, si no está autorizado bien de arriba.

De nuevo Yoel fue interrumpido por Camejo.

- Eso de autorizado bien de arriba, es relativo.

- ¿Relativo a qué? - le preguntó esta vez Lázaro.

Camejo no tuvo que pensar mucho para responder.

- Relativo a que todo salga bien, ustedes deben saber que la victoria tiene muchos padres, pero la derrota es huérfana.

Yoel retomó la palabra: - Como usted nos va a acompañar en caso de una necesidad, lo ideal sería que usted se entienda con su gente. Pero todavía no hemos hablado de algo muy importante, que es cuánto vamos a ganar nosotros, ni los pormenores del trabajo.

- Ustedes tendrán una cuarta parte de la ganancia neta, y deben hacer un plan - le respondió Camejo.

Lázaro se apresuró a tomar la palabra:

- Como yo entiendo que ustedes no piensen en pegarse a la Florida con un barco tan lento y cargado, mi plan es llevar la mercancía en el Ali Baba hasta Anguila en el Banco de Cayo Sal y de allí en lancha rápida a Maratón, lanchas que, por supuesto serán de nosotros.

Lázaro hizo una pausa y miró fijamente al militar cubano:

- Con todo respeto señor Camejo, yo creo que nos llevan algo recio en el pago. -

Negociar siempre el precio era una costumbre cotidiana entre narcotraficantes, nunca dar la apariencia de que el pago era suficiente así mantienen altas las comisiones. En la mayoría de los casos daba resultado la estrategia y en este, tratándose del gobierno cubano, podría generarse una buena dinámica de trabajo a largo plazo, con millones en ganancia.

- Es mercancía especial, mercancía de primera, sin semilla, y ustedes la van a poder vender, creo que pueden ganar más en la venta que en el viaje - les dijo El Moto que hasta el momento casi no había abierto la boca y preguntó: - ¿Cómo es el plan? ¿Quiénes vamos en el Ali Baba, quienes van a esperar en el Banco de cayo Sal, y quienes van a estar en tierra para traer la mercancía hasta aquí? -

Se hizo silencio. Lázaro meditó un instante y por fin les explicó:

- Según mi plan en el Ali Baba podemos ir Camejo, el Moto, Yoel y yo. En la isla de Anguila nos van a esperar en La Corza con Manolo y El Moto y en tierra puede esperarnos Luis el Grande.

- Yo veo ese plan muy bien - le respondió Camejo.

- Yo también - les dijo Luis.

Luis era un agente retirado de la CIA que, en vez de pasar su vejez levantando tomates en Homestead, decidió dedicarse al traqueteo para asegurarse una buena vejez.

El Moto hizo un gesto positivo con la cabeza y cuatro días después el Ali Baba navegaba por el mar Caribe rumbo a Jamaica, tripulado por el Mayor Camejo de la Marina Cubana.

- Pon 120 grados en el compás, vamos a pasar por el sur de isla de Pino - le ordenó Lázaro a Yoel.

- Isla de la Juventud - trato de corregir Camejo.

- Isla de la Juventud para usted Mayor Camejo, para mi Isla de Pino - le respondió Lázaro.

Camejo lo comprendió y no le respondió, por segunda vez.

Al anochecer navegaban al sur de Cayo Largo, luego por debajo del Archipiélago de Jardines de la Reina y en una hora alcanzaron las costas de Jamaica. Allí cargaron 170 paquetes de 30 libras por paquete, un total de 5100 libras de marihuana sin semilla, que al precio del mercado en aquellos tiempos que era aproximadamente de 600 dólares por libra, hacía un total de 3 millones 60 mil dólares.

Según lo pactado, 765 mil dólares serían para el grupo de Lázaro y el resto $2.295.000 serían para el Ministerio del Interior Cubano.

Saliendo de Jamaica, Lázaro le ordenó al Moto que llevaba el timón:

- Por el noreste vamos a navegar entre la cayería de los Jardines de la Reina y Cuba. Ahora vamos a saber hasta donde el MC tiene poder porque el Ministerio del Interior es una cosa y la Marina de Guerra Cubana es otra cosa.

- Sí, socio, ahora vamos a ver hasta donde esta operación de contrabando tiene luz verde del gobierno cubano - le dijo Yoel.

- Y les he dicho que todo está autorizado al mayor nivel, mientras todo salga bien - le contestó Camejo.

Este comentario del mayor cubano dejó muy claro algo que Lázaro siempre sospechó: mientras no descubran el delito, todo está bien. Pero si por alguna razón el gobierno norteamericano intercepta el cargamento de drogas, la política oficial cubana era negar cualquier conocimiento del contrabando y acusar a los involucrados como si actuaran por sus propios intereses. Semejante hipocresía se reflejó siempre en la posición oficial de Cuba frente al narcotráfico. Luego de los juicios a Ochoa, De la Guardia y Abrahantes, Fidel Castro anunció que se había acabado el problema del tráfico de drogas en Cuba. Sin embargo era evidente que lo que estaba tratando de hacer el dictador cubano era sacarse la presión internacional de encima y evitar a toda costa una invasión norteamericana, como le sucedió a Noriega en 1989.

El grupo navegó hacia el sur de la provincia de Camagüey con un mar tranquilo y alli fue donde el mayor Camejo dio prueba de donde llegaba la autorización que él tenía.

Llamando a la Unidad de Frontera de Cabo de San Antonio, después de hablar por el radio de onda corta, se dirigió a sus compañeros de viaje:

- Frente al Cabo de San Antonio, en aguas internacionales, está fondeado el guardacostas gringo, el Dallas, el que suelta el globo con el radar; no creo prudente seguir y meternos en la boca del lobo.

- ¿Y qué aconseja usted hacer? - le preguntó Lázaro.

- Tenemos dos opciones, entrar en Cienfuegos o en Cayo Largo del Sur y esperar allí a que el guardacostas gringo se mueva, porque seguir es muy peligroso. Y aunque nos peguemos a la isla, nos va a seguir, y cuando salgamos al golfo nos va a cazar y nos va a partir en dos. Así que ustedes eligen: o Cienfuegos o Cayo Largo.

- Cayo Largo - le dijo Yoel.

- Cayo Largo - dijeron a coro Lázaro y Manolo.

- Voy a llamar por radio para que nos esperen en Cayo Largo del Sur y voy a reservar en el Hotel Pelícano 4 habitaciones - les dijo el Mayor Camejo.

- ¿Y por qué tantas habitaciones? - preguntó Yoel.

- Amanecerá y verás - le respondió Camejo con una sonrisa.

- ¿De qué sonríe Mayor? - le preguntó Lázaro.

- Ya van a ver, ya van a ver - le contestó Camejo.

Unas horas después el Ali Baba amarraba sus cabos en Cayo Largo del Sur, un paraíso en el Caribe reservado en aquella época solo para turistas extranjeros. Llegaron y después que cada uno ocupó su habitación fueron a cenar. Ese tipo de comida el pueblo cubano no la veía ni en película: pasta con langosta, bistec de res con vegetales, una sopa de mariscos y otros platos que le darían envidia a cualquier vecino de la zona.

Ya tomando el café, el Mayor Camejo miembro del partido más hipócrita del mundo, el Partido Comunista Cubano, les preguntó a sus compañeros de aventura:

- Voy a llamar a Cuba para que venga a acompañarme mi novia. ¿Ustedes prefieren que venga sola, o que traiga unas amigas?

- No Camejo, que no traiga compañía, que traiga un batallón - le respondió Yoel sonriendo, emocionado.

- ¿Y compañía de quién y para qué? - preguntó Lázaro que se hacía de vez en cuando el chivo con tontera.

- No te preocupes hermano, que si tú no quieres compañía yo me quedo con la tuya - le dijo el Moto.

- Ya me habían hablado de eso y yo no lo creía, dime de lo que presumes y te he de decir de lo que careces, vivir para ver - le dijo Lázaro, que era el romántico del grupo. En aquella ocasión llegó a entender que hay cosas que aunque no estén en tu manera de sentir, no se pueden esquivar, porque el hombre es un animal con razón pero el deseo rebasa la cordura.

- ¿Y cuándo llegan los refuerzos? - le preguntó Yoel a Camejo.

- Mañana en el avión a las 10 de la mañana, hay que ir por ellas al aeropuerto - le respondió el Mayor convertido no solo en contrabandista, sino también en proxeneta.

Noche larga para los que esperan los Reyes Magos, que esta vez no eran Melchor, Gaspar y Baltasar, sino Laura, Maciel, Ady y Lorena. Cuatro muñecas defendiéndose a duras penas en un país en completa ruina material y moral.

Esa mañana, mientras esperaban que el pequeño Antonov ruso de dos motores hiciera el viaje del aeropuerto José Martí en Rancho Boyero en la Habana a Cayo Largo del Sur, Lázaro, Yoel y Manolo salieron a caminar por la playa.

Lázaro dio comienzo a la charla con una pregunta:

- ¿Cómo se entiende eso de que la novia del Mayor Camejo lo viene a visitar? Por lo que yo sé, él es un hombre casado y con hijos.

Yoel miró a Lázaro con una sonrisa y le dijo:

- No te hagas el nuevo Lázaro, tú no sabes que en Cuba hay un servicio de acompañantes que el pueblo le dice jineteras, que para vivir un poco mejor acompañan a los extranjeros.

- ¿Pero acompañan a dónde? - le preguntó Lázaro.

- A la cama socio, a la cama, a caminar, a bailar, a todos lados - le contestó Manolo y los tres se echaron a reír.

- Es increíble que esta gente, que presumía de morales, ahora promueva el oficio más viejo de la humanidad. Antes la mujer lo hacía porque le gustaba, ahora lo hacen para no pasar hambre - dijo Manolo.

- Tampoco todas son así. Hay algunas que lo hacen porque les gusta - le respondió Yoel.

Lázaro terminó diciendo:

- La mujer decente lo presta, la enamorada lo da, la que del amor no entiende, lo vende. De esto se desprende que el que no lo presta, lo da o lo vende.

Era evidente que Lázaro era el romántico del grupo, que a veces se hacia el tonto para provocar pensamientos en los demás.

- Todo eso es verdad, pero si las niñas vienen con la supuesta novia del Mayor Camejo, que es un hombre del aparato, un hombre que en realidad es nuestro enemigo político, y que hoy está aquí por lo mismo que nosotros, por dinero, tenemos que tener mucho cuidado con lo que hablamos delante de ellas - advirtió Yoel.

- Lo del guardacostas en el Cabo puede ser una patraña para traernos aquí y corrernos un chantaje, ellos son especialistas en hacer eso - dijo Lázaro.

- Todo está muy bonito, pero mucha amabilidad me confunde - terminó diciendo Yoel.

De la playa regresaron al hotel. Ellos habían declinado el viaje al aeropuerto para no dar careta, en patio ajeno. Al llegar al hotel, el Mayor de la Marina y agente del MC, Camejo, ya los esperaba con las niñas, que parecían escogidas para un concurso de belleza. Como la mujer es el único animal que escoge al cazador, ellos esperaron a que las jovenes hicieran su selección. Teresa tomó de la mano a Camejo, Maciel a El Moto, Lorena a Yoel, Adela a Manolo y Laura a Lázaro. Luego se enteraron, a través de las chicas, que estas selecciones en realidad no las habían hecho ellas sino Camejo, de acuerdo al perfil que había hecho de cada uno de ellos.

- Las niñas salieron temprano de la Habana y deben de tener hambre. Vamos todos a almorzar - sugirió Camejo.

Aquella sugerencia fue aprobada por unanimidad. En Cuba casi siempre todo es aprobado por unanimidad. Las 4 parejas fueron al restaurante del hotel.

Todo el grupo, sin medida en formalidades, comió opíparamente. Después, cada cual a su habitación a hacer algo que no es necesario describir en este libro porque es más viejo que la misma humanidad. Es más, es la razón por la cual existe la raza humana.

Después de una semana viviendo en el paraíso, Camejo llegó con la mala/buena noticia de que el guardacostas gringo había salido a navegar con rumbo noroeste y que podían continuar su marcha. Los hombres enfilaron para el mar y las niñas hacia el Antonov, rumbo a Cuba. Antes de separarse, Lázaro, Yoel y Manolo prometieron ayudarles a llegar a los Estados Unidos, que era en realidad lo que querían lograr todas ellas.

El Ali Baba, ya cargado, navegó toda la costa norte de Cuba hasta la altura de Varadero, desde donde navegaron hacia el banco de Cayo Sal hasta el islote de Anguila. Se quedaron en el este del islote al pairo, porque era muy peligroso tirar el ancla allí.

- Yo sabía que con este mal tiempo Manolo no podría llegar a tiempo - comentó Yoel.

- ¿Y por qué razón no salieron antes? - le preguntó Camejo.

- En este lugar no se puede hacer tiempo, aquí hay que llegar, cargar, y salir volando. Sobre este banco vuelan la avioneta de los negros y el avión del Guarda Costa Americano. Esto aquí es pólvora pura - le explicó Lázaro.

- Tenemos que poner en práctica el plan B - les dijo Yoel.

- ¿Y cuál es el plan B? - le preguntó el Moto.

- Vamos a pegar el bote lo más que se pueda a la isla, vamos a bajar los paquetes y esconderlos en el mangle, y después nos despegamos un poco y nos ponemos a pescar y cuando llegue Manolo, cargamos la lancha - les explicó Yoel, que ya había tenido que hacer eso otras veces.

- Pero rapidito que aquí con eso arriba estamos en candela - le dijo Lázaro.

Con la rapidez que corre un venado perseguido por un tigre, los 4 hombres llevaron el barco hasta la arena de la playa y en una hora tenían los paquetes escondidos dentro del mangle de la isla. Después navegaron unas 5 millas al centro del banco y se pusieron a pescar.

Media hora después el avión de reconocimiento de los Guardacostas de los Estados Unidos volaba sobre ellos a baja altura.

- En menos de una hora están aquí - les dijo Lázaro.

- ¿Quién va a estar aquí? - le preguntó el Mayor Camejo, pensando en Manolo.

- Los americanos no pueden entrar en el banco - dijo el Moto.

- Pero los negros sí - le respondió Yoel que había hablado con el conocimiento que da la experiencia.

Y tuvo mucha razón, porque no tardó en volar sobre ellos la pequeña avioneta de las Fuerzas de Defensas de la Isla Bahamas.

- Vamos a movernos hacia los muelles - le dijo Yoel.

- No, Yoel. Pon rumbo a los Perros que allí estamos más cerca del Canal de San Nicolás.

No pudieron llegar a los Perros, que son un grupo de piedras en el Noreste del banco de Cayo Sal, porque fueron detenidos por la fragata Gran Inagua de las Bahamas.

- Si alguien trae un arma que la tire al agua, y si alguien pescó algo que tire el pescado al agua. No le podemos dar la más mínima razón para que nos lleven para Nassau - le dijo Lázaro.

- Yo me tenía que quedar en la isla por si llega Manolo - dijo Yoel.

- Vamos a poner en acción el Plan C, después que se vallan los negros para Marathon, tenemos que esperar que esto se ponga bien frío para poder sacar la mercancía de la isla. Si no somos bien inteligentes lo podemos perder todo - le dijo Lázaro.

- Pero cómo está el mar, ni Manolo pudo brincar la canal, y nosotros tampoco vamos a poderlo hacer - les dijo Camejo.

- Mayor, Manolo viene en una lancha de 30 pies, y nosotros estamos navegando en un caballo de 50 pies con dos motores 3208. Puede que nos cueste trabajo, pero de que cruzamos nosotros, cruzamos, con mar fuerte, y poca máquina - terminó diciendo Yoel.

Yoel tenía toda la razón porque 6 horas después, pasaban junto al Faro del Sombrero rumbo al muelle donde está amarrada la Corza.

- ¿Qué hacen ustedes aquí? - le preguntó Manolo.

- Es una historia larga - le contestó Yoel.

- Tan pronto se caiga el viento, nos vamos Yoel, tú y yo a buscar lo que dejamos en Anguila - le dijo Lázaro.

- ¿Y lo vamos a meter por aquí? - le preguntó Manolo.

- No, por aquí no, nos vamos por amarrado - le respondió Lázaro.

Como era de esperar, el viento se aflojó y la Corza tripulada por Manolo, Yoel y Lázaro salió a terminar la operación Ali Baba, una operación conjunta del MC y la Marina de Guerra de la República de Cuba con la colaboración de lancheros cubanos, que según había dicho el Mayor Camejo estaba autorizada al mayor nivel del mando en Cuba.

Ya navegando hacia el Banco de Cayo Sal con Yoel al timón de la lancha, Lázaro a su lado, y Manolo sentado en el asiento junto a los motores, Yoel tomó la palabra:

- Por lo que pude apreciar durante el viaje, mi criterio es que el MC está autorizado por el ministro del Interior, y cara de coco y el hermano lo tienen que saber, porque ellos presumen que saben todo lo que pasa en Cuba - comentó Yoel.

- Cara de coco es la gatica de María Ramos, que tira la piedra y esconde la mano - le respondió Lázaro.

- Cuando los primeros hipócritas llegaron a la tierra, cara de coco y el hermano los estaban esperando, ellos ya inventaran un cuento chino para salir del paso y queda ellos como que no sabían nada - comentó Manolo.

- Ellos podrán decir lo que quieran, pero la evidencia indica que ellos están detrás de todo.

Recuerda que cara de coco es el gran mentiroso y bajó de la sierra con un rosario católico en el cuello y ahora es totalmente ateo. Nosotros hemos navegado toda la costa sur de la isla, nos quedamos una semana en Cayo Largo, administrado por el Instituto Nacional de la Industria Turística. Ellos, que tienen espías en todos lados, ¿no han visto eso? ¿Tú crees de verdad que cara de coco no lo va a saber? - le comentó Yoel.

- No se preocupen niños, que la película está empezando ahora y algo más vamos a ver - terminó diciendo Lázaro.

Llegaron a la isla, recogieron el trabajo, y con la suerte de su lado lo coronaron todo. Ahora había que pagarle su parte al gobierno cubano.

Venderlo fue fácil, era mercadería de buena calidad, y después vino la repartición, lo que incluía llevar la ganancia a Cuba.

Las 5.100 libras se vendieron a razón de 500 dólares por libra, por un total de 2.550.000 dólares, que serían divididos en 637,500 para los lancheros y 1.912.500 para los Castro.

El Mayor Camejo pidió un gran favor: hacer algunas compras para llevarlas a la isla, entre ellas un yate, que sería entregado al MC. Camejo explicó, sin que nadie se lo preguntara, que sería usado para el turismo.

De los casi 2 millones de dólares se usarían $250.000 para comprar el yate, otros $100.000 para compras cosas varias, como computadoras y regalos personales a oficiales del MC; por ejemplo, un vestido de 15 años para la hija de fulano, 4 gomas Pirelli Scorpion 255- 70R16, para el mayor fulanito. Además, varias computadoras HP y relojes Rolex y Cartier.

El encargado de comprar el yate fue Luis el Grande, quien compró un Defender de 55 pies con dos motores Detroit 851, que costaba $250.000, pero que, para poder comprarlos en cash, había tenido que pagar $300.000, debido al peligro que representa para el vendedor una transacción tan grande en efectivo.

La corrupción tiene sus métodos y su precio.

Se tomó la decisión que Yoel, el Moto y Camejo fueran a Cuba en la lancha Corza con el dinero, y que Luis el Grande y Lázaro llevaran el Yate con todos los regalos y 1000 dólares en víveres de todo tipo, sobre todo mucho café. Manolo se quedaría en la Florida con una Mirage 36 con dos motores Mercury 300 todo nuevo de paquete.

Había dinero, y cuando es así, todo fluye muy bien.

Yoel, el Moto y Camejo salieron en la lancha rápida y fueron recibidos en Varadero por otros miembros del Ministerio del Interior. Se hospedaron unos días en la Marina Ernest Hemingway en Barlovento. Una semana después Luis el Grande y Lázaro se hacían a la mar en el Defender por Cayo Maratón, Florida.

En su cabina transportaban suficiente dinero y prendas como para hacer feliz a miles de cubanos, víctimas de un régimen cruel e injusto. Pero a veces la vida pone a los seres humanos en situaciones que no saben controlar. Si quieren, le pueden llamar egoísmo, pero para Lázaro, Luis, Yoel, el Moto y Manolo el juego tiene otro nombre: supervivencia.

CAPÍTULO 5

"EL CANOSO"

- ¡Ojo Picho al Flaco, Ojo picho al Flaco! Responda, flaco...-

El grotesco sonido metálico de la 20/40 rompió el silencio de aquella plácida mañana en Miami. El "Flaco" se levantó casi corriendo de la cama y tomó rápidamente el micrófono del radio que estaba del otro lado de la habitación.

- Aca el Flaco, Ojo Picho, cambio. - dijo, tratando de disimular la voz de dormido.

- ¿Qué hubo? Tenemos un pájaro listo para el 30, pregúntale al "Canoso" si podemos ir a pescar - respondió la voz con calma. Y agregó: - son 5000 libretas. -

Ojo Picho era el apodo de uno de los narcotraficantes que coordinaba los envíos de cocaína desde la costa colombiana hacia Cuba. En Miami, el "Flaco", cuyo nombre no revelaremos a pedido suyo, tenía la tarea de coordinar a todos los protagonistas del contrabando.

Faltaba una semana para el viaje. - Poco tiempo. - pensó el Flaco.

- Entendido, hermano, pronto te llamaré con novedades. - respondió, mientras miraba el reloj.

Eran las 5 de la mañana.

- Esta gente parece que no duerme - pensó mientras colgaba el micrófono y se regresaba a su cama, para seguir durmiendo. La noche anterior había abusado un poco del polvo blanco y sentía que su cabeza estaba a punto de explotar.

- Cambio y fuera - dijo la voz. La radio quedó en silencio.

El Flaco regresó a la cama y cruzó los dedos antes de dormirse, rogando que su mente le permitiera acordarse del mensaje que acababa de recibir cuando se despertara por la tarde. Ese trabajo podría generarle mucho dinero, no menos de $100.000.

- Gordo, aquí Flaco, Gordo, aquí Flaco, ¿me recibes? -

30 segundos pasaron y una voz respondió: - Flaco, aquí Gordo, dímelo. -

El "Gordo" fue la persona que introdujo al "Flaco" en el negocio del narcotráfico. Se conocieron un día cualquiera en una marina de Miami y desde ese momento nunca dejaron de trabajar juntos. Cada uno tenía una función importante que cumplir. El "Gordo" contaba con las lanchas y el personal para cualquier tipo de trabajo. En otras palabras, coordinaba la parte marítima del contrabando. El "Flaco" era el cerebro detrás de la operación. A pesar de su corta edad, apenas 20 años, había establecido los contactos para lograr operaciones exitosas. Tenía, además, en su radio, siempre pendiente, al hombre fuerte del narcotráfico en Cuba: su nombre clave era "El Canoso".

- Tenemos un pájaro para el 30, el mismo nido de siempre. 5000 libretas - dijo el Flaco.

La radio se puso en silencio. Solo se oía un poco de estática.

- Déjame hablar con mi gente, Flaco, pero no creo que haya problema. Coordina con el "Canoso" a ver si el puede. - respondió el Gordo.

- Cambio y fuera - dijo el Flaco, mirando el reloj. El contacto en Cuba prefería que lo llamaran en horas de oficina, porque en su trabajo era donde tenía el receptor de radio.

Eran las 3:05. Cambió la sintonía a la otra frecuencia y apretó el botón del micrófono.

- Flaco a Canoso, Flaco a Canoso, responda Canoso. -

- Flaco, soy yo, Águila, ahora te lo busco - respondió una voz del otro lado. La radio de su contacto cubano no estaba directamente en la oficina del Canoso sino en un cuarto contiguo. Por cuestiones estratégicas, siempre había alguien esperando los mensajes.

Unos minutos más tarde una voz firme, con tono militar, sonó a través del pequeño parlante.

- Flaco, aquí "Canoso" ¿qué hay de nuevo? -

- 5000 libretas el 30 que viene. Necesito confirmación. Cambio - explicó el Flaco sabiendo que no recibiría una respuesta inmediata.

- ¿Tan pocas? - el Canoso hizo una pausa y continuó - De acuerdo, te aviso en unos 2 días, a más tardar, tengo mucho movimiento. No quiero peos - dijo el Canoso.

La cantidad de droga que acostumbraba a pasar por Cuba en ese momento era de 10 a 12 mil kilos por viaje.

- Lo antes posible - respondió el Flaco - tú sabes, para evitar los nervios. -

- Está claro, Flaco, cambio y fuera -

El Canoso no mentía. En ese momento, entre 1988 y 1989, Cuba se había transformado en uno de los puntos de tránsito y almacenamiento más importantes de narcóticos hacia los Estados Unidos. No solo directamente, con lanchas de gran velocidad que entraban a la Florida como dagas, sino también prestando su espacio aéreo para transitar, aterrizar y almacenar droga para los zares de la droga colombianos. La isla era, además, un importante puente de abastecimiento de combustible para aviones y, muchas veces, un punto de escala para cargamentos que entraban a la Yuma a través de las Bahamas.

Para coordinar semejante esfuerzo, los cubanos habían organizado grupos de hombres por regiones y tareas. Algunos se ocupaban de recibir los paquetes que caían del cielo al agua, otros bajaban las cargas de los aviones que aterrizaron en las pistas de la isla y los más allegados al "Canoso", sus hombres de confianza tenían la responsabilidad de recibir el dinero en efectivo, montones de billetes que llegaba semanalmente por lancha y entregárselo a él. Casi siempre eran millones de dólares por mes, no se podía confiar en cualquiera.

No solamente se intercambiaba dinero en esta operación de contrabando. El Gordo, quien conocía a "el Canoso" en persona, transportaba todo tipo de mercadería hacia Cuba. Algunas veces eran relojes de lujo, como Rolex, ropa de marca, electrónicos y hasta comida cocinada en Miami.

Está claramente documentado tanto por la DEA, la administración antidrogas de los Estados Unidos, el Guardacostas y los espías americanos en Cuba, que existía un espacio aéreo donde pasaban constantemente aviones provenientes de Colombia con cargamentos de drogas cuyo destino final eran las costas de la Florida. Se llamaba "el corredor de Camagüey". Por allí sobrevolaban aeronaves cargadas con droga día y noche, con las luces encendidas y volando bajo, a menos de 10.000 pies, listas para descargar sus paquetes en la Bahía Cádiz, el preciso lugar que Lázaro les había recomendado a los cubanos para entregar el contrabando. Frente a este lugar estratégico para recoger los paquetes y llevarlos a los Cayos, se encontraba una estación del guarda fronteras cubano que tenía la tarea de vigilar que solo las lanchas autorizadas ingresaran al lugar a recoger la preciada carga.

Estos son solo algunos de los eventos que demuestran, sin lugar a duda, la magnitud de la participación cubana en el narcotráfico, sólo en la década de los 80 (fuente: cubacid.com):

Otoño 1981: funcionarios colombianos declaran en su país conocer que los aviones que transportaban drogas hacia Cuba retornaban con cargamentos militares para las guerrillas.

Abril 1982: Gran jurado federal en Miami encausa por narcotráfico a Aldo Santamaría (jefe de la Marina de Guerra cubana), René Rodríguez Cruz (director del ICAP), Fernando Ravelo, exembajador cubano en Colombia, Gonzalo Bassols, segundo al mando en esa embajada y a otros funcionarios del MININT.

Noviembre 1982: colombianos y cubanos capturados por la Agencia Antidrogas (DEA) de EE. UU. ofrecieron a un tribunal en Miami amplias pruebas de la participación de Cuba en el narcotráfico.

Abril 1983: Subsecretario de Estado de EE. UU. declaró que existían pruebas que desde 1979 Castro aprobó a Cuba como puente del narcotráfico y base de apoyo para narcotraficantes en EEUU.

Mayo 1983: El presidente Ronald Reagan declara en Miami que "existen fuertes pruebas de que funcionarios de Castro están involucrados en el tráfico de drogas y que introducen drogas como criminales, aprovechándose de la miseria de los adictos".

Junio 1983: el jefe de la DEA declara en el senado estadounidense que Cuba facilitaba los movimientos de drogas a través de su territorio.

Julio 1983: Desertor de la inteligencia castrista Jesús Raúl Méndez dijo a autoridades de EEUU que Raúl Castro aceptó dinero de narcotraficantes para utilizar la Isla como base para introducir drogas en EEUU.

Marzo 1984: el ministro de Defensa colombiano dice que la materia prima entra a Colombia desde Bolivia y Perú y la cocaína producida se transporta a Cuba por avión.

Mediados 1984: Tras disputas con el dictador panameño Manuel Noriega, Castro mueve las bases y laboratorios desde Panamá hacia Nicaragua, según declaró el narcotraficante preso en EE. UU. Carlos Lehder.

Agosto 1984: El fiscal general de EE. UU. acusa públicamente a Cuba y Bulgaria de utilizar el tráfico de drogas para apoyar a terroristas. El jefe de la DEA insiste en que la participación de Cuba no ha cesado a pesar de cargos formulados contra cuatro funcionarios del régimen.

Octubre 1985: Diario Las Américas (Miami) informa sobre planta de procesamiento de drogas en Oriente, traída desde Alemania Oriental. La materia prima casi siempre llegaba a la Isla en aviones cubanos.

Agosto 1986: el jefe del Comando Sur de EE. UU. expresa estar personalmente convencido de implicación cubana en narcotráfico, aunque Fidel Castro lo negara.

Abril 1987: 400 kilogramos de cocaína recibidos por avión, almacenados en Varadero y posteriormente enviados por mar a EE. UU. (según se supo posteriormente en la Causa #1 contra el General Arnaldo Ochoa).

Primer semestre 1987: Los órganos de inteligencia de Estados Unidos ya conocían que "aviones con drogas procedentes de Colombia estaban realizando aterrizajes en el aeropuerto de Varadero con la complicidad de oficiales cubanos".

Finales 1987: 500 kilogramos recibidos en aeropuerto de Varadero y transferidos a tres embarcaciones rumbo a EEUU (Causa #1).

Enero 1988: José Blandón, ayudante del dictador panameño Noriega, se asila en EE. UU. y presenta pruebas documentales de la participación de los Castro en el narcotráfico.

Febrero 1989: 500 kilogramos lanzados por avión que posteriormente aterrizó en Varadero para reabastecerse. Lanchas rápidas recogieron y trasbordaron la carga en Punta Hicacos (Causa #1).

Marzo 1989: 400 kilogramos lanzados por avión cerca de bahía de Cádiz (Causa #1).

Abril 1989: Embarcación cargada con cocaína fue reparada en la marina de Barlovento (actualmente Marina Hemingway) y continuó viaje hacia Varadero para trasbordar la carga en un pequeño islote. (Causa #1).

Junio-Julio 1989: Detención del general Arnaldo Ochoa, héroe de la República de Cuba y miembro del Comité Central del Partido, los hermanos Patricio (General) y Antonio (Coronel) de la Guardia y decenas de oficiales del MININT y las FAR. Causa #1 y fusilamiento de Ochoa, Tony de la Guardia y otros dos oficiales (MININT y MINFAR). El fiscal vincula a todos al narcotráfico, insistiendo que lo hacían sin conocimiento de las autoridades cubanas. Tras los fusilamientos y largas condenas impuestas, Fidel Castro declara haber terminado con el narcotráfico en Cuba.

Julio 1989: Diplomáticos occidentales en La Habana informan que la Sección de Intereses de EEUU en La Habana se reunió varias veces con el gobierno cubano para discutir sobre la participación castrista en el narcotráfico.

Agosto 1989: Juan A. Rodríguez Menier, desertor de la inteligencia castrista, declaró que Fidel Castro estaba personalmente al tanto del negocio de la droga y que la Corporación CIMEX recibía en moneda convertible el 80% del dinero generado por esas operaciones.

Agosto 1989: Causa #2 contra el general José Abrahantes, ministro del Interior, Pascual Martínez Gil, viceministro primero y una decena de oficiales del MININT. Veinte años de prisión para Abrahantes, doce para Martínez Gil, y sentencias más cortas para el resto.

Estos titulares de noticias son solo una pequeña fracción de todos los sucesos que involucran al gobierno cubano con el narcotráfico. En su artículo "El Cartel de la Habana" el fallecido escritor Carlos J. Bringuier escribe:

"Hay numerosos ejemplos de cómo los hermanos Castro crearon el Cartel de La Habana. Ahí está el caso de Reynaldo Ruiz y su hijo Rubén. Reynaldo Ruiz tenía conexiones en Cuba por intermedio de un pariente, Miguel Ruiz, quien era Capitán del Ministerio del Interior.

"Reinaldo Ruiz era un habanero naturalizado norteamericano. No era comunista ni mucho menos partidario del régimen de Fidel Castro. Pero la magnitud del negocio y los beneficios comunes que aportaría le permitía pasar por alto esas diferencias y mostrarse con su primo en la mejor disposición de llegar a un acuerdo. Los cubanos sólo tendrían que autorizar que sus avionetas aterrizaran en Varadero y trasladar la droga a Punta Hicacos, donde esperarían sus *cigarette boats*. Las comisiones por esos servicios serían sustanciosas." (extracto de un artículo escrito por Daniel Iglesias Kennedy para Nostalgia Cuba).

De acuerdo con lo declarado por Reynaldo Ruiz, él viajaba a Cuba en un bote desde la Florida llegando hasta Varadero donde esperaba a su hijo Rubén, quien se encontraba en Colombia. Su hijo volaba de Colombia a Varadero en un avión cargado con cocaína, un coronel de la Fuerza Aérea de Cuba autorizaba el vuelo de Rubén a Cuba. Rubén aterrizó en Varadero y parecía como que su vuelo era una cosa rutinaria y le daban un suculento almuerzo mientras que militares cubanos descargaban la cocaína y la pasaban al bote de Reynaldo. Ya con el bote cargado, un guardacostas cubano los escoltaba hasta alta mar.

Reynaldo Ruiz y su hijo fueron arrestados en Miami en 1988. Como el contubernio de los hermanos Castro con la mafia de la droga estaba por descubrirse, el gobierno de Castro negó las acusaciones y procedió a buscar chivos expiatorios. Posteriormente fueron arrestados Arnaldo Ochoa (Héroe de la Revolución), Tony de La Guardia (amigo personal de Fidel Castro), el Capitán Miguel Ruiz (el pariente de Reynaldo Ruiz), así como otras 11 personas que fueron sometidas a juicio sumario. Cuando durante su declaración el Capitán Miguel Ruiz dijo que tenía la impresión de que la operación de drogas estaba aprobada al "Máximo nivel" el Fiscal Juan Escalona pidió suspender el juicio por unos minutos ya que según Escalona el acusado se encontraba muy nervioso. El Capitán Miguel Ruiz no regresó a continuar su declaración.

Anteriormente los aviones cargados de drogas procedentes de Colombia tenían que pasar sobre el espacio aéreo cubano y ninguno de esos aviones fueron derribados como el avión de los Hermanos al Rescate. Los carteles de la droga obtenían con anticipación, previo pago, autorización del gobierno de Castro para volar sobre el espacio aéreo necesario para descargar su mortífera carga sobre las Bahamas.

Otro involucrado en este contrabando resultó ser George Morales quien testificó en Washington que él participó en el trasiego de drogas a través de Cuba. Morales testificó que eso ocurrió desde 1980 hasta 1986.

Jack Blum era el Fiscal Especial del Senado (1987-1989). El principal testigo fue José Blandón, ex-ayudante de Manuel Noriega quien declaró haber atendido reuniones en Cuba con Fidel Castro, presentando fotografías para demostrarlo.

Blandón aseguró que los cubanos estaban envueltos en el tráfico de drogas y que los motivos de Castro "son políticos". Blandón acusó a Cuba de trasegar drogas a través de Nicaragua y Panamá además de Colombia y que todo estaba dirigido por el Departamento América del gobierno cubano y auspiciado por

Fidel Castro. El Departamento América había sido creado en 1974 y Manuel Piñeiro Losada se encargó de dirigirlo."

En un libro escrito por alias "Popeye", famoso sicario colombiano que llegó a ser la mano derecha de Pablo Escobar señala que "su jefe estaba feliz con esa ruta (Colombia-Cuba-Estados Unidos). Decía que era un placer hacer negocios con Raúl Castro, pues era un hombre serio y emprendedor".

De acuerdo con Velásquez la operación a que hace referencia, que duró dos años, fue conducida "por los militares cubanos al mando del general (Arnaldo) Ochoa y el oficial Tony de la Guardia, bajo instrucciones directas de Raúl Castro".

La operación en Cuba se llevaba a cabo a través de aviones que trasladaban entre 10 mil y 12 mil kilogramos de cocaína en cada vuelo. Según "Popeye" fue tan exitosa que le permitió a Escobar multiplicar considerablemente sus ganancias.

Por cada kilo de cocaína transportado hacia la Florida, el gobierno cubano recibía $2000 y $200 si solamente lo custodiaban, o sea, lo tenían en su poder hasta que alguien lo pasara a recoger. Haciendo las matemáticas, si cada avión traía 10 a 12 mil kilos de droga, los cubanos ganaban entre 20 y 24 millones de dólares por carga. 2 a 2.4 millones por cuidarla un cierto tiempo, según Popeye.

Y ahora, gracias a los testimonios recogidos para este libro, se sabe mucho más sobre la conexión Cuba-Colombia. Hasta el momento se había hablado solamente de que los cargamentos de cocaína provenían casi exclusivamente del Cartel de Medellín, dirigido por el sanguinario líder Pablo Escobar. Tanto el Flaco como Yoel y Lázaro dan testimonio de que otras dos organizaciones aprovecharon el fácil acceso a las costas del sur de los Estados Unidos y la eficacia de los cubanos que movían el producto. Se trata del Cartel de Cali, de los hermanos Rodríguez Orejuela, y el Cartel de la Costa, comandado por José Rafael Abello Silva, alias "Mono Abello".

"Ojo Picho", el intermediario que se contactó por el radio con el Flaco al comienzo de este capítulo, junto a otros dos llamados "Juancho" y "Edgar", eran todos miembros del Cartel de la Costa.

Estos grupos delictivos, responsables por el ingreso de miles de toneladas de drogas a los Estados Unidos, tenían contacto directo con el gobierno cubano para coordinar los envíos, las comisiones y solucionar cualquier problema que pudiera surgir durante el tránsito de la droga desde Colombia hasta las costas cubanas.

¿Por qué todas estas organizaciones y el gobierno cubano se habían organizado para llevar a cabo estas riesgosas operaciones? Simple: las ganancias fueron fabulosas. Si en un mes podían mover 100 toneladas de cocaína, les quedaban limpios fácilmente 2 mil millones de dólares.

El Flaco no duda ni un segundo que todas esas operaciones de narcotráfico que se realizaban en diferentes regiones del país eran organizadas y coordinadas desde las más altas esferas del gobierno. No es el único que piensa que nada se mueve en Cuba sin el consentimiento de Fidel y su hermano. Cualquier persona que ha vivido en la isla lo sabe perfectamente bien. Pero el Flaco tiene una prueba muy sólida de que esto es así. Y es que "El Canoso", el hombre con quien él hablaba para coordinaba todos los envíos, la persona que le decía dónde, cómo y cuándo mover la droga, era, nada más y nada menos, que el General de División José Abrahantes Fernández, ministro del Interior de Cuba desde 1985 a 1989.

CAPITULO 6

ABRAHANTES

- General, el comandante al teléfono. -

La voz en el intercomunicador sonaba urgente. Pero ¿quién iba a sentirse normal luego de oír al mismísimo Fidel Castro?

- José, como estas, que tal la familia? - preguntó el inconfundible sonido.

Abrahantes se quedó helado, lo que menos imaginó era oír un saludo tan cordial del hombre que, según le avisaron, quería meterlo preso por traición a la patria.

- Muy bien, mi comandante - atino a decir, tratando de esconder su angustia. - Iván, Lilly y Juan Carlos siempre me preguntan por usted. A ver cuando nos podemos reunir.

Abrahantes sabía perfectamente de lo que era capaz su interlocutor. Todavía tenía fresca en su memoria la noticia del fusilamiento de dos de sus poderosos amigos, el general Ochoa y el coronel De la Guardia, ocurridas unos meses atrás. Por eso intentó comprar un poco de compasión y simpatía de aquel hombre que tanto miedo le producía, especialmente en esa época de cambio e incertidumbre.

- Pronto lo haremos, tenemos que dejar pasar la tormenta, querido amigo, ando muy ocupado con cuestiones internacionales y casi no hay descanso, pero tan pronto pueda, nos reunimos. - dijo Castro sin un solo reflejo de hipocresía en su voz.

El ministro del Interior de Cuba tuvo el peor de los presentimientos. Castro se estaba despidiendo, a su manera. Después de todo, habíamos pasado mucho tiempo juntos. Abrahantes fue, por largos años, su jefe de escolta.

Ni siquiera haberle salvado la vida muchas veces iba a evitar lo inevitable. Fidel Castro ostenta un record Guiness de intentos de asesinato, con más de 680 y durante los años que Abrahantes fue su protector personal, hubo varias, todas fallidas.

- ¿A qué debo el honor de su llamado, comandante? - atino a decir mientras cientos de ideas pasaban por su mente.

- No, nada, solo quería saludarte, alguien me dijo que te vio hace poco y yo me acordé de que tenemos una charla pendiente sobre el rumbo de la revolución. - explicó Castro.

La cara de Abrahantes cambio de color, paso de roja a blanca en un segundo. Las palabras de su jefe sonaban a traición.

De repente la puerta del despacho se abrió y 4 hombres vestidos de verde interrumpieron la conversación. Abrahantes atinó a levantarse y de inmediato recordó que su posible salvador estaba en el teléfono.

- Comandante - dijo con prisa - qué está pasando?

La línea quedó en silencio.

El oficial de mayor rango se acercó con unas esposas en la mano y le dijo, mientras se las ponía:

- General de División José Abrahantes Fernández, está bajo arresto por traición a la patria. Venga con nosotros.

- ¿Quién ordenó esto? - atino a preguntar, a pesar de saber la respuesta.

Más silencio.

Los 3 soldados lo rodearon para escoltar hacia el vehículo que esperaba afuera. Los subordinados que trabajaban para Abrahantes en el MININT o Ministerio del Interior de Cuba miraron en silencio como su jefe de tantos años salió esposado. La mayoría comprendió que esa era la última vez que lo verían en el edificio.

Abrahantes pretendía no entender lo que estaba pasando, pero sabía perfectamente la magnitud de su problema. En julio de ese mismo año, apenas 2 meses atrás, el jefe del MC, una de sus dependencias más valiosas, el coronel Tony De la

Guardia, había caído bajo las balas de un pelotón de fusilamiento luego de un juicio considerado por muchos como una burla a la justicia y la inteligencia. Ese mismo día Fidel Castro se había deshecho de su máximo oponente imaginario, el general Arnaldo Ochoa, considerado un héroe de la revolución, protagonista de una campaña épica en Angola, donde recibió importantes galardones por sus triunfos en favor de la causa cubana.

Si Castro fue capaz de mandar a fusilar a 2 de sus mejores amigos, sus más fieles colaboradores, un héroe de la patria, nada lo detendría de hacerle lo mismo a él.

Abrahantes recordó, en camino a su destino, todas las reuniones que había tenido con él y su hermano Raúl para coordinar el tráfico de drogas hacia los Estados Unidos. También sabía que ese asunto era el secreto de estado más grande que existía en ese momento en Cuba. Revelarlo sería una enorme mancha a la reputación de la Revolución, en un país azotado por un brutal embargo norteamericano que afectaba seriamente a su economía, aunque al mismo tiempo servía a los propósitos propagandísticos del régimen.

José "Pepe" Abrahantes era uno de los personajes más poderosos del momento. Hijo de un viejo y poderoso militante del Partido Comunista Cubano. Se exilió en México muy joven, cuando la lucha contra Fulgencio Batista. Pepe era muy organizado y de una personalidad gentil, caballerosa y modales muy correctos. Hombre paciente, observador y muy balanceado. Fue puesto a trabajar con Castro por recomendación de su padre.

Se compenetró tanto con el "Comandante", que algunos bromeaban diciendo que era el mejor "loquero" de Cuba. Por otro lado, era un hombre que tomaba grandes decisiones en forma calmada, fría y las ejecutaba con gran éxito. Era una persona sumamente discreta en su vida pública y privada. Un psicólogo nato, calculador y de mente rápida.

La promesa de inmensas ganancias a través del narcotráfico le dio el último empujón a Fidel Castro y su hermano para poner en marcha un plan que generaría miles de millones de dólares: aprovechar la corta distancia que existe entre las costas cubanas y los cayos de la Florida para ingresar miles de toneladas de marihuana y cocaína, así como cualquier otro estupefaciente que los capos colombianos de la droga quieran enviar.

El odio que los Castro sentían por su némesis era también suficiente motivo para querer meterse en este negocio tan sucio como lucrativo. Fidel Castro siempre expresó su deseo de destruir a Estados Unidos por fuera o por dentro. Como la crisis de los misiles soviéticos no cumplió su macabro objetivo, era el momento para hacerlo desde adentro, envenenando a su población.

Pablo Escobar y los hermanos Rodríguez Orejuela, así como también representantes de varios carteles más pequeños de Colombia, habían visitado la isla en muchas ocasiones buscando conquistar esa vía fácil de acceso a los Estados Unidos. Las ofertas comenzaron a llover desde finales de la década de los 70. Existía oferta y demanda, el escenario perfecto para iniciar el bombardeo de drogas ilegales al país más rico del mundo.

Lo único que los Castro tenían que hacer era decir que sí. El resto, la parte operacional, era simple, tenían un ejército completo a su disposición, gente servil y adoctrinada, perfectos para llevar a cabo un plan de tan enorme magnitud.

Y eso fue precisamente lo que hicieron. Poco a poco, con pruebas y errores, nació el Cartel de los Castro.

Sin embargo, esto incluía guardar el más grande de los secretos. El contrabando de estupefacientes debía permanecer como una operación encubierta; jamás nadie podía saber que los hermanos Castro estaban involucrados.

El origen del Cartel de los Castro se remonta a finales de la década de los 70. Todo comenzó, de acuerdo con testigos y artículos de prensa, cuando Fabio Vásquez Castaño, jefe del movimiento insurgente colombiano M-19, logró establecer contacto con Manuel Piñero Losada (Barbarroja), director del Departamento América, sección de inteligencia del Partido Comunista Cubano. Vásquez Castaño propuso un negocio que consistía en la adquisición de armas a Cuba y pagarlos con cocaína. Piñero Losada expuso la idea a sus superiores, enfatizando que las drogas eran un elemento desestabilizador del gobierno y la sociedad de los Estados Unidos. Al mismo tiempo, la cocaína era el equivalente a moneda convertible y por otro lado se ayudaba a los rebeldes colombianos en sus ataques contra la democracia de Colombia y el resto de la región.

El negocio fue aprobado.

Entonces nació la necesidad de crear un sistema para convertir la droga en dólares. Había que venderla en otro lado ya que Fidel Castro jamás permitiría la presencia de estupefacientes en la isla. La solución era simple: tenían al país más rico del planeta a 90 millas de distancia, no había que ser un científico para hacer esa ecuación. Solo era necesario conseguir quien la pusiera en suelo norteamericano, allí operaban grupos de narcotraficantes que se encargarían de venderla sin problemas.

Negocio redondo.

En una de las conversaciones de Fidel Castro con el general Abrahantes le dijo claramente que "si alguna operación de contrabando era descubierta y se sospechaba de su participación, él debía asumir toda la culpa y pagar el precio".

Abrahantes, por supuesto, aceptó la "orden" de su jefe, como lo había hecho toda la vida.

Existen sobrados testimonios de muchos testigos que desertaron a los Estados Unidos y dan crédito de las actividades ilegales de los hermanos Castro y sus lugartenientes.

Juan Reinaldo Sánchez fue uno de los miembros del anillo de seguridad del presidente cubano. Cuenta en su libro "La vida oculta de Fidel Castro" que un día de 1988, escuchó de casualidad, una conversación entre Fidel Castro y el general José Abrahantes.

"Fidel estaba dirigiendo el tráfico de cocaína como un verdadero padrino. Fue un shock tremendo. Me sentí utilizado. Había querido dar la vida por un hombre que era un narcotraficante", cuenta Sánchez, quien murió exiliado en Miami en el 2015. Hasta ese momento para este guardaespaldas "Fidel Castro era un dios".

El narcotraficante colombiano Carlos Lehder, quien fue liberado de una cárcel norteamericana en 2020 luego de cumplir un tercio de su condena a 125 años por narcotráfico, declaró a un medio británico que el gobierno cubano permitió que aviones con cargamentos de cocaína procedentes de Colombia hicieran escala en la isla caribeña para reabastecerse de combustible y continuar después la ruta hacia Estados Unidos.

El canal 4 de Inglaterra, en su programa "Dispatches" investigó el caso y entrevistó a un ex agente de los servicios secretos cubanos, quien dijo haber visto personalmente a Fidel Castro ordenar la creación de una compañía dedicada a encubrir el tráfico de drogas. Sin duda se refería al antes mencionado MC, agencia dependiente del MININT, a cargo del coronel Antonio de la Guardia, uno de los fusilados por Castro en 1989.

Dispatches resalta que muchos miembros del Ejército cubano fueron utilizados por el Cartel de Medellín para ayudar a transportar hasta seis toneladas de cocaína desde los aviones hacia los barcos con destino a Estados Unidos, con un valor en la calle de unos 150 millones de dólares durante un período de año y medio.

De acuerdo con evidencias recogidas por Dispatches, en estas operaciones de tráfico de drogas habían intervenido hasta quince embarcaciones semanales.

Por otro lado, el exgeneral cubano Rafael del Pino declaró, una vez que llegó exiliado a Miami, que muchas veces recibió instrucciones de Raúl Castro, hermano de Fidel, para permitir que los aviones procedentes de Colombia aterrizaran en Cuba.

Todos están de acuerdo que el objetivo de Castro era utilizar el narcotráfico en su estrategia de guerra contra el imperialismo norteamericano y para obtener divisas. Muchos de los miembros del ejército creían además que, en una guerra contra el imperialismo, era válido utilizar cualquier clase de truco para debilitar a Estados Unidos.

Cuando Abrahantes llegó al Palacio de Gobierno, esposado y escoltado como un criminal, se dio cuenta que su destino estaba sellado.

El día que Fidel Castro le quitara la protección, lo sabía por experiencia luego de lo que le sucedido pocos meses atrás, pasaría a ser un criminal bajo los ojos de los cubanos y del mundo. Y ese día había llegado. Ahora lo que tenía que procurar era evitar que lo fusilaran, como a Ochoa y De la Guardia, dos de sus colegas y amigos.

Mucho había cambiado desde que su exjefe explotara de furia por culpa de las presiones internacionales al descubrirse su participación en el narcotráfico. Fidel Castro solía reunirse con Abrahantes a menudo para hablar, entre otros temas, de los pormenores del lucrativo negocio de las drogas.

En su celda del Palacio de la Revolución, esperando enterarse de su destino, el ahora depuesto ministro del Interior recordó varias conversaciones que tuvo con Castro apenas unos meses atrás.

Una de las pocas fotos conocidas del Gral. Abrahantes con Fidel Castro.

- José, tenemos un problema grave, los aviones colombianos que aterrizan en nuestras pistas se demoran mucho tiempo en entrar y salir. Me han llegado reportes que esto lo pueden detectar los gringos y hay que evitarlo a toda costa. Además, a veces, no tenemos combustible para darles. ¿Crees tú que podrías solucionar ese problema? - dijo Fidel con una voz calmada y un poco baja, para evitar que lo oigan sus asistentes y guardaespaldas desde afuera de la oficina.

Sus ayudantes han dicho en varias ocasiones que cuando en la oficina del Comandante en Jefe no se oían voces, era porque estaban hablando del narcotráfico. Esto, sin embargo, no evitó que se escucharan varias conversaciones entre Castro,

Abrahantes y De la Guardia en donde se tocaba el tema de las drogas.

- Mi Comandante, lo he estado pensando, necesitamos encontrar un lugar donde puedan lanzar los paquetes, que sea seguro y donde nadie se lo pueda robar o que no terminen flotando hacia altamar y se pierdan. - sugirió Abrahantes.

- ¿Robar? ¿Cómo puede ser eso posible? Ningún cubano se atrevería a hacerlo frente a nuestras narices. - respondió Castro, tratando de mantener la voz calmada.

- No se olvide, Mi Comandante, que a nuestras costas vienen muchos lancheros que llevan mercancía a Miami. Si se toparan con unos paquetes flotando en la costa, quién sabe lo que podrían hacer. - explicó Abrahantes intentando mostrar eficiencia.

Castro se recostó sobre su sillón presidencial y pensó por un momento. En su mano derecha descansaba el símbolo más emblemático de su imagen: un habano. Se lo llevó a la boca y una bocanada de humo tapó sus ojos astutos y cansados por un momento.

- Tiene que ser un lugar protegido siempre, pero no podemos tener un bote ahí las 24 horas, lo mejor es encontrar un lugar frente a alguna estación de guarda fronteras o de la marina. Y también hay que tener en cuenta que no todos saben sobre estas actividades, el comandante debe ser uno de los nuestros. - dijo Fidel antes de llevarse nuevamente el cigarro a la boca. El humo inundó el espacio por unos segundos. El olor del tabaco le molestaba mucho a Abrahantes, un hombre amante de la vida sana, a quien no le gustaban los vicios. Sin embargo durante muchos años, siendo jefe de la seguridad del mandatario cubano, se había acostumbrado a semejante atrocidad para los sentidos.

- Yo sé lo que haremos. - dijo el ministro pretendiendo que había disfrutado ese humo en su cara - Voy a preguntarle a uno de mis contactos en Miami si conoce a un experto en cartografía marítima que nos pueda orientar. Ellos han trabajado por mucho tiempo con nosotros y no tendrán ningún problema en ayudarnos.

- Pero cómo, ¿nosotros no tenemos a nadie que sepa del tema? - preguntó Castro con sorpresa.

- Que yo sepa no, Mi Comandante, los lancheros cubanos de Miami siempre han sido los expertos en las costas cubanas. Tal vez le pueda preguntar a uno de nuestros marinos, pero tomaría mucho tiempo y es mejor que todo sea lo más discreto posible. Es mejor ir a lo seguro. - respondió Abrahantes casi murmurando, inclinado hacia Castro y por lo tanto a su cigarro. Trato de disimular la cara de asco.

- Haga eso, camarada, consiga un gusano que sepa. - Fidel sonrió brevemente e hizo un gesto con la mano despidiendo a Abrahantes, quien se levantó y salió de la oficina sin prisa. Cada vez que se reunía con Castro recordaba las veces que pensó que sería capaz de dar su vida por ese hombre. Pronto, ese pensamiento macabro se haría realidad, en extrañas circunstancias.

El recuerdo fue interrumpido por el sonido de la puerta de la celda que se abría. Dos guardias lo acompañaron a una oficina donde lo hicieron esperar más de media hora, tiempo que Abrahantes utilizó para desear fervientemente que todo se tratara de un malentendido.

Varios militares, con carpetas en sus manos, interrumpieron sus plegarias y se sentaron frente suyo.

Un coronel, a cargo del departamento de justicia militar, le leyó las acusaciones: abuso en el cargo, negligencia en el servicio, uso indebido de recursos materiales y financieros, cohecho, apropiación indebida, y desconocimiento sobre las actividades ilegales que supuestamente "de manera no autorizada" cometieron varios oficiales bajo su mando.

Indudablemente, Fidel Castro había desencadenado toda su furia contra su examigo y confidente. Y Abrahantes sabía que iba a ser imposible decir la verdad, que el hombre que había protegido por tanto tiempo era, en realidad, el cerebro detrás de una operación multimillonaria de narcotráfico. No diría la verdad por la seguridad de sus hijos y su familia. Tampoco quería correr la misma suerte que sus amigos, el General Ochoa y el coronel De la Guardia.

Y así fue, durante su enjuiciamiento se limitó a responder preguntas del fiscal militar y tratar de minimizar el daño lo máximo posible. El gobierno cubano, en una extraña actitud de apertura mediática, montó en YouTube una versión editada del juicio a Abrahantes para que el mundo la viera. Allí se puede ver claramente la actitud de resignación del ex titular del MININT ante preguntas que, fácilmente, podría haber respondido con un "Fidel me lo pidió, me lo ordenó o me lo dijo". Sin embargo, optó por quedarse callado y aceptar su suerte.

En una de las acusaciones se le inquirió sobre la adquisición de una flota de 1200 automóviles modernos que eran utilizados por el personal del ministerio. Abrahantes respondió que los había comprado utilizando un fondo "especial" al que podía acceder desde su posición como jefe. Se cree que este dinero, unos 3 millones de dólares, eran provenientes del narcotráfico y que los Castro estaban al tanto de cada movimiento de dinero, especialmente tomando en cuenta que, para ingresar vehículos importados en una gran escala, era necesario involucrar a muchos funcionarios del gobierno cubano, como la aduana, la ONAT (Oficina Nacional de Administración Tributaria), el Ministerio de Finanzas y el Ministerio de Comercio Exterior. Es absolutamente imposible que Abrahantes fuese capaz de realizar una compra millonaria de automóviles sin que se enteraran los jerarcas del Partido Comunista Cubano. No en Cuba, eso es completamente imposible.

El Cartel de los Castro funcionaba como muchas otras organizaciones dedicadas al narcotráfico. Tenía un líder indiscutible, poderoso y cruel, Fidel y su hombre de confianza, Raul, en ese entonces ministro de las Fuerzas Armadas, tomaba decisiones cuando su hermano estaba ausente o simplemente no eran de tanta importancia. Debajo de ellos estaba directamente el general José Abrahantes Fernández, ministro del Interior, quien tenía bajo su control miles de soldados dispuestos a hacer lo que fuera necesario para ayudar a la revolución, así como también vehículos, instalaciones y armas.

Para canalizar todas las actividades ilegales en un solo lugar, los jefes del Cartel crearon el MC, una división del MININT que tenía a su cargo organizar todo lo que se relacionaba con burlar al bloqueo, ya sea generando divisas a través de negocios ilícitos en Panamá o coordinando el tráfico de estupefacientes desde Colombia hacia los Estados Unidos, con escala en Cuba. Esta oficina estaba a cargo del coronel Antonio de la Guardia y fue desmantelada poco antes de su muerte, en julio de 1989. Todo lo que entraba a Cuba para el MC no pasaba por ningún control de Aduana.

Debajo de esta cúpula se encontraban cientos de oficiales del ejército, la marina, la fuerza aérea y el guarda fronteras cubanos. Hombre y mujeres que nacieron y se criaron dentro de la revolución, y que jamás se atreverían a discutir una orden de sus superiores, por más ilegal que sea.

En este relato hemos nombrado a algunos de los miembros del Cartel de los Castro: el Mayor Sánchez Lima, segundo al mando en el MC, el coronel Ramon Blanco, jefe de la frontera de la provincia de Matanzas y el capitán Hermes Rivero, también miembro del MC. El Mayor Camejo, quien acompañó un cargamento de drogas personalmente a la Florida, también operaba bajo el mando del coronel De la Guardia.

Otro participante, aunque no tan activo en las propias operaciones de narcotráfico, fue el General de la Fuerza Aérea Rafael del Pino, quien reporta haber recibido varias veces órdenes directas de Raul Castro y de Abrahantes para dejar pasar aviones cargados de droga por encima de la isla, sobre espacio aéreo cubano.

Del Pino desertó de Cuba en 1987 y comenzó a contarle con lujo de detalles a todos los medios de comunicación como era su participación en las operaciones del Cartel.

- Varias veces recibí órdenes de la oficina de Raúl Castro y también de la oficina del general Abrahantes de dejar que el avión cruzara Cuba. - le contó al programa Frontline de PBS.

ENTREVISTADOR: - Ahora, ¿qué tipo de órdenes recibió?

Gral. Del PINO: - Simplemente, "Mañana a las 14 Zulu va a pilotar un avión como este y este, de dos motores. Déjalos volar".

Según el General, los aviones a menudo atravesaban algunos de los espacios aéreos más restringidos del país.

Gral. Del PINO: - En la parte occidental de Cuba, tenemos 19 sitios de misiles SAM, cientos de radares y un regimiento de interceptores MiG-23. Es completamente imposible que una avioneta vuele de Colombia a Estados Unidos sin el conocimiento y el permiso de la autoridad cubana.

Según del Pino, los altos mandos militares asumieron que las drogas eran parte de la política estatal. Los oficiales incluso discutieron sobre los aciertos y los errores de la misma.

- Todos sabían allí que se estaban metiendo en este negocio. Algunos de ellos estaban en contra y otros estaban a favor. Algunos dicen que fue un juego sucio y otros dicen: 'Bueno, en este tipo de guerra contra los imperialistas, podemos usar todos nuestros trucos y el Líder Máximo conoce la parte débil de Estados Unidos y esta es la manera de hacerlos más débiles". En Cuba, más que en los demás países totalitarios, nada se mueve sin el conocimiento de Fidel Castro. -

De vez en cuando, y para "demostrar" que el gobierno cubano luchaba activamente contra el narcotráfico, la prensa oficial publicaba en primera plana la destrucción de cargamentos de drogas confiscados a los narcotraficantes. La crónica reportaba que los estupefacientes eran incinerados en los hornos de la empresa siderúrgica Antillana de Acero, localizada en el municipio del Cotorro, en las inmediaciones de La Habana.

Realmente los cargamentos de drogas "confiscados", que en realidad eran droga que ellos tenían para transportar y comerciar, se los alojaba en almacenes especiales del Ministerio del Interior. Lo que quemaban, en realidad, eran paquetes con desperdicios. El encargado de supervisar la operación era el teniente coronel Rosal, casado con una hija del jefe de la inteligencia cubana: Ramiro Valdez, muy amigo de los hermanos Castro y de Abrahantes.

La verdadera droga se transportaba en un barco de la Marina de Guerra de Cuba, al mando del vicealmirante Aldo Santamaría Cuadrado, quién se la entregaba a lancheros de

Miami en puntos estratégicos de la cayería norte de Cuba o en Cayo Largo del Sur.

El vicealmirante Aldo Santamaría Cuadrado junto a Raúl Castro

En varias ocasiones los narcotraficantes colombianos "bombardeaban" la droga en 2 lugares diferentes de Cuba: uno era el cargamento para llevar a Miami, el otro, el pago, en mercancía" para los miembros del Cartel. La comisión por facilitar el transporte de la droga de Colombia a Estados Unidos se arreglaba de antemano, pero solía variar entre un 20 a un 25% del cargamento total, lo que sumaba cientos de millones de dólares cada mes. La carga extra se les entregaba a lancheros miamenses para ser vendida en el sur de la Florida y luego llevaban el dinero, y otros bienes materiales a Cuba. Los barcos solían venir cargados de comida, electrodomésticos, relojes Rolex y Cartier, así como también neumáticos para carros importados en la isla. Los encargados de recibir el dinero, en la mayoría de los casos, eran el coronel De la Guardia y el General Abrahantes.

En 1982, el gobierno de los Estados Unidos imputó por narcotráfico a 14 cubanos, incluidos cuatro altos funcionarios del Gobierno y del Comité Central del Partido Comunista de Cuba, acusados de cargos relacionados con la importación de tabletas de metacualona y marihuana a Estados Unidos. Los estupefacientes provenían de Colombia y llegaban a la Florida a través de Cuba. Los funcionarios cubanos fueron acusados de actos destinados específicamente a facilitar la importación de drogas y a eludir los esfuerzos de interdicción de Estados Unidos.

Ellos fueron: Fernando Ravelo Renedo, el embajador cubano en Colombia; Gonzalo Bassols Suarez, Ministro Consejero de la Embajada de Cuba en Colombia; Aldo Santamaria Cuadrado también conocido como René Baeza Rodríguez, miembro del Comité Central del Partido Comunista de Cuba, quien también ostentaba el grado de vicealmirante de la Armada cubana; y, finalmente, René Rodríguez Cruz, miembro del Comité Central, también, del Partido Comunista de Cuba y presidente del Instituto Cubano de Amistad con el Pueblo, también conocido como ICAP. Ninguno fue juzgado en penales norteamericanos.

Otros cubanos pertenecientes al Cártel de los Castro fueron arrestados y cumplieron condenas por drogas en Estados Unidos en la década de los 80 y 90. Se trata de José Domingo Martínez, Alberto Cortez, Cornelio Ramos Valladares, David Lorenzo Pérez, Jorge Felipe Llerena Delgado, José Rafael Martínez y Héctor González.

Estas son solo muestras de la magnitud de esta organización. No cabe duda de que en Cuba hubiese sido imposible montar una operación tan grande sin que Fidel y su hermano Raúl lo supieran. Para tantos miembros del Partido Comunista hubiera sido imposible guardar semejante secreto y mucho menos por tantos años. Además, todos saben que traicionar al Gran Comandante tendría consecuencias trágicas para el que se atreviera.

El mismísimo Fidel Castro reconoció, luego de finalizar el juicio al General Ochoa y el coronel De la Guardia, que habían pasado por la isla entre 1985 y 1988 más de 3 toneladas de cocaína con destino a Estados Unidos. Esta admisión tuvo como propósito culpar a los condenados por su participación en el narcotráfico y, de paso, reconocer su existencia, pero en realidad se sabe que fueron muchas más que 3, miles de toneladas, y todas y cada una, con su completo conocimiento.

Por eso Castro sintió la necesidad de fusilar a sus ex camaradas y amigos, para limpiar su expediente ante el mundo y demostrarles a todos que fue víctima de sus subordinados y no el jefe. Le habían avisado desde altas esferas internacionales que si seguía por ese camino podría provocar una intervención norteamericana directa en la isla, como lo que años más tarde le pasó a Manuel Noriega en Panamá. Y eso no lo podía permitir. Los Estados Unidos jamás se atreverían a derrocar a un dictador, pero sí arrestarían a un capo de la droga.

Según revela Popeye, el lugarteniente del narcotraficante colombiano Pablo Escobar, en sus memorias, el capo colombiano convenció a Fidel Castro de participar en el narcotráfico hacia la Florida no solo por las enormes ganancias que este negocio generaría sino también porque le hizo ver que las drogas con destino a los Estados Unidos eran un elemento desestabilizador del gobierno y la sociedad de ese país.

Fidel consultó a su hermano Raúl, y ambos estuvieron de acuerdo en utilizar al narcotráfico como venganza histórica frente al imperio norteamericano. Pero sin olvidar las enormes ganancias que generaba este negocio, estimada en miles de millones de dólares para las arcas de los Castro.

Uno de los cubanos que testificó en una corte norteamericana en los años 80 dijo que durante una operación de contrabando de estupefacientes conoció a un oficial del gobierno de Cuba llamado René Cruz. Este le comentó que el propio Fidel Castro viajaba por América Central y del Sur haciendo todo el tipo de gestiones relacionadas con el narcotráfico y que estaba feliz de que llevaran las drogas a Estados Unidos a través de Cuba. Castro decía, con mucha seriedad, que podrían tomar Florida en cualquier momento que tuvieran ganas.

Así es, invadir los Estados Unidos mientras sus habitantes estaban drogados. Palabras de Castro.

Este es el mismo hombre que, desde el triunfo de su revolución hace más de 60 años, ha reivindicado una moral superior. Castro dijo que las drogas, como el juego y la prostitución, quedaron eliminadas en Cuba cuando ellos tomaron el poder. Sin embargo, la verdad está a simple vista, solo basta visitar Cuba para darse cuenta de que es un país desesperado, donde mujeres, inclusive profesionales, venden su cuerpo para poder comer y alimentar a sus hijos.

Yo lo he visto con mis propios ojos, niñas, niños, mujeres y hombres de todas las edades, se ofrecen a los turistas como moscas en el estiércol, a la salida de los hoteles. No hay comida, ni suministros de limpieza, jabón o toallas. Varias veces, muchachitos de unos 12 años se me acercaron durante mi viaje para pedirme que les regale las toallas o los jabones del hotel. Supe de un conocido que tuvo sexo con una chica de 15 años a cambio de comprarle una Barbie. Esa es la Cuba que Castro no puede reivindicar, el monstruo cruel e injusto que creó y construyó con sus mentiras, el Frankenstein del Caribe.

El arresto en Miami del narcotraficante cubano Reinaldo Ruiz y su hijo Rubén puso al gobierno de Cuba en aprietos. Sus confesiones volaron su tapadera. Cuba ya no tenía negación y muchos de los miembros del Cartel quedaron expuestos, especialmente sus cabecillas.

Así describe estos eventos el escritor Juan F. Benemelis en su artículo llamado "El Cartel de la Habana":

"En 1988 la banda había sido infiltrada por agentes secretos norteamericanos que se hicieron pasar por compradores y lograron grabar en audio y video sus entrevistas. Padre e hijo aparecen en el video contándole a un agente encubierto de la DEA cómo Cuba garantizaba el tránsito de los cargamentos de cocaína a través de la Isla. A Ruiz se le oye hablar, de lo que había que pagarle a Castro.

El expediente relata con detalles dos ocasiones en las cuales Rubén Ruiz había volado desde Colombia hasta el aeropuerto militar de Varadero con 500 kilos de cocaína cada vez. En la primera ocasión de la visita de Ruiz a Cuba en abril de 1987, la droga había sido descargada por personal militar y luego transportada a un muelle y cargada en un barco de nombre Florida, que fue escoltado por guardacostas cubanos hasta que salió de las aguas territoriales. El 9 de mayo, Ruiz hizo otro vuelo similar durante el cual su avioneta cargada de cocaína fue escoltada por un MiG cubano hasta que aterrizó en el aeropuerto de Varadero. En una de las conversaciones grabadas se dice textualmente que el dinero de este último cargamento había ido a parar a las manos de Castro.

En las grabaciones se descubrió cómo el servicio de guarda fronteras de Cuba vigilaba los estrechos entre la isla y la Florida, para asegurarse que los traficantes pudiesen evadir las lanchas patrulleras de Estados Unidos. Se documentó también cómo la Fuerza Aérea y los guardacostas cubanos brindaban protección a los traficantes que realizaban la transferencia de la droga en puntos de la Isla para su remisión a los Estados Unidos."

Luego de que se destapó la olla, uno de los más perjudicados fue el coronel Antonio de la Guardia.

- Estaba muy solo y era como una niebla. No sabía adónde ir. - dijo José Luis Llovio-Menendez, un ex empleado del Ministerio de Hacienda quien era familiar del jefe del MC.

- La última semana de mayo de 1989 me llamó y me dijo que estaba involucrado en el narcotráfico junto con José Abrahantes, y Fidel era quien le daba las órdenes a Abrahantes.

Llovio-Menendez dice que estaba muy disgustado con la noticia.

- ¿Cómo puedes involucrarte en algo así? - le preguntó.

- Era una orden sin alternativa. - le respondió De la Guardia al borde de las lágrimas - Tenía que hacerlo. Y sé que si pasa algo, voy a estar solo. Si se sabe esto, voy a estar solo y nadie me protegerá. -

Durante su consejo de guerra De la Guardia sabía que muchos de los presentes tenían conocimiento directo de las operaciones de drogas. Algunos incluso habían participado en ellos. Pero nadie hablaría en su defensa.

El almirante Santamaría fue uno de los que firmó la sentencia de De la Guardia, aunque él mismo participó del narcotráfico y es uno de los tantos miembros del gobierno cubano acusados de tráfico de drogas en las cortes de Estados Unidos.

Tony de la Guardia sabía que Fidel estaba directamente involucrado en el narcotráfico. Sabía demasiado, por eso tuvo que deshacerse de él.

Aquí, otra anécdota que relacionada al Comandante con el narcotráfico: cuentan testigos que un 13 de agosto, en una de las residencias de la playa habanera Tarará, familiares y amigos íntimos de Fidel Castro celebraban su cumpleaños.

Los asistentes le habían regalado antigüedades y armas, entre otras cosas; José Abrahantes llegó con una maleta llena de dólares provenientes de los negocios sucios del Ministerio del Interior, y al entregársela a Castro, le comenta sonriente: "unos dólares para la Revolución". Fidel le agradeció con un abrazo y se la entregó a Pepín Naranjo, el contador privado del Comandante.

Esta entrañable amistad y complicidad entre ambos no le sirvió de nada al exministro del Interior a la hora de sellar su destino.

Luego de un juicio absolutamente indefendible, el general de división José Abrahantes Fernández fue encontrado culpable de todos los cargos en su contra y condenado a 20 años de prisión por un tribunal militar, con la absoluta certeza de que el veredicto tenía la bendición y aprobación del comandante en jefe.

No lo fusilaron, pero en 1991, según cuentan fuentes muy cercanas al general, el gobierno de Castro le quitó la medicina que tomaba contra la presión arterial alta y Abrahantes falleció pocos días después de un paro cardiaco en prisión.

Había cumplido apenas un año y unos meses de su sentencia.

Así, Fidel Castro se deshizo de otro obstáculo en su marcha hacia la triste hazaña histórica de gobernar más de medio siglo oprimiendo a toda una nación. Tampoco pudo cumplir la promesa que le había hecho al médico Juan Abrahantes, quien le da nombre al estadio de la Universidad de La Habana, cuando le dijo que cuidaría de su hermano José.

Tumba de Jose Abrahantes en La Habana

Las mentiras de Castro están ampliamente documentadas a lo largo de su vida; edificó su doctrina a partir de mentiras, y que esta era simplemente una de ellas.

Intentando limpiar su imagen frente al mundo, Fidel Castro salió en la televisión local poco tiempo después, proclamando que "el imperialismo yanqui fracasó en sus intentos de ensuciar con el narcotráfico la imagen de la Revolución Cubana".

Otra de sus miles de mentiras.

La realidad es que hoy, el cadáver del General José Abrahantes Fernández está enterrado en el cementerio de Colón, en el corazón de La Habana.

CAPÍTULO 7

LA REUNIÓN EN CUBA

La embarcación se acercaba rápidamente hacia los recién llegados, que esperaban pacientemente en el barco detenido a la entrada de la Bahía de Cárdenas. Era un Cabin Cruiser de 27 pies de eslora y dos motores dentro de borda. En su interior se distinguían dos militares cubanos con su tradicional uniforme verde oliva y otro hombre de civil. Pronto se sabría que los tres eran miembros del Cartel de los Castro.

Esperándolos desde ya hacía largo rato, anclado y sin poder moverse, estaba el "Ali Baba", sin los 40 ladrones, un barco langostero tipo "defender" de 52 pies que carga 1000 galones de petróleo, con 2 motores Caterpillar 3208. En su bodega había miles dólares en regalos y dos tripulantes que venían a cumplir una misión a pedido del Ministerio del Interior de Cuba.

A medida que se acercaba la delegación cubana se podía distinguir que no se trataba de simples pescadores o turistas en alta mar. Era, sin duda, un barco del gobierno, en una misión oficial.

Lázaro, tan pronto los vio, le comento a Luis, su compañero: - esta es la gente del "Cara de Coco", porque nada en esa isla se mueve sin que ellos lo sepan. -

Luis Rodríguez no era ningún novato cuando se trataba de intrigas internacionales. Luis "el Grande", como lo llamaban por su gran altura, había trabajado para la CIA y le decían "piece of cake" porque a él todo le parecía fácil.

- ¿Son ustedes los compañeros de la misión internacionalista? - dijo el Mayor Sánchez Lima, segundo al mando del MC cubano y el único que venía vestido con ropa de calle.

- Sí, somos nosotros - le respondió Luis.

Para ser militares interactuando con extraños en una misión altamente secreta los tres hombres parecían muy calmados. Algunos dirían profesionales, otros que aparentaban tener todo bajo control.

Sánchez Lima, visiblemente al mando de la operación, ordenó:

- Vengan detrás de nosotros.

Los dos barcos enfilaron hacia tierra.

Los militares que acompañaban a Sánchez Lima eran el coronel Ramon Blanco, jefe de la frontera de la provincia de Matanzas y el capitán Hermes Rivero, también miembro del MC, una división del Ministerio del Interior cubano creada por el gobierno de Fidel Castro para burlar el embargo y adquirir tecnología de los Estados Unidos a través de empresas fantasmas en el extranjero. La sede principal de este engaño era la Ciudad de Panamá en donde la Revolución Cubana había creado cientos de identidades falsas que operaban como empresas independientes destinadas a generar dólares y adquirir todo lo que fuera necesario para mantener a flote a un gobierno débil y lleno de problemas internos.

Mientras enfilaban hacia el muelle, Lázaro se sentía aliviado. Estaban a punto de llegar a tierra firme, exitosamente. Es que ese viaje había comenzado lleno de complicaciones para los dos residentes norteamericanos. Si hubieran sido supersticiosos tal vez este viaje nunca hubiera sucedido por todas las señales que les ofrecía el universo.

El timón del Ali Baba se había averiado el día anterior, ya cuando se encontraban navegando hacia Cuba. La bomba que le permitía operar al timón había perdido todo su líquido y, sin poder virar hacia la derecha o izquierda, era imposible poner rumbo hacia su destino final.

Se dieron cuenta del problema tan pronto pasaron cerca del faro del Sombrero, un punto de referencia muy usado por Lázaro y otros expertos navegantes, especialmente si se dedican al narcotráfico. Está localizado frente a las costas de la isla de Maratón, en los Cayos de la Florida, al sur del Puente de las Siete Millas.

- Capitán - dijo Luis con cara de susto - el timón del barco no gobierna.

Lázaro fue a revisar y vio que, en efecto, el timón había perdido el líquido de la bomba.

- Para Cuba nos quedan 70 millas que no lo podemos hacer sin timón. No nos queda de otra que regresar y arreglarla - dijo.

- Pero ¿cómo vamos a regresar sin timón? - preguntó Luis.

- Muy fácil, lo vamos a hacer con los motores, igual que se maneja un tanque con las orugas, se le da velocidad al motor de la derecha y el bote gira a la derecha, se le da velocidad al motor al de la izquierda y el bote gira a la izquierda.

Siguiendo la indicación de Lázaro, lograron llegar al muelle y amarrar el Ali Baba. Tan pronto estuvieron en tierra, Manolo, el mecánico que siempre los sacaba de apuros, puso manos a la obra para arreglar el timón y aprovecharon la imprevista parada para echar de nuevo petróleo.

Ya era tiempo de volver a partir, se hacía muy tarde y la tripulación tenía miedo que los cubanos se cansaran de esperar o que, por no saber de ellos, simplemente abortaran la misión.

Pero si el comienzo de esta aventura fue accidentado, las cosas se estaban por poner peor. El mar decidió mostrar su temperamento y en cuestión de minutos se dieron cuenta de que el viento había cambiado y ahora soplaba con mucha fuerza.

- ¿Nos vamos así? - preguntó Luis.

- Nos vamos así - le respondió Lázaro.

A las 9 de la noche el Ali Baba ponía 180 grados, o sea sur franco, y a 20 millas por hora. A medianoche ya habían dejado atrás el faro del Sombrero navegando con un mar de olas furiosas. Al amanecer estaban frente a Cayo Mono frente a Varadero.

Lázaro tomó el radio VHF por el canal 10 y habló con voz firme.

- Gallego para el grande, gallego para el grande, adelante gallego.

Silencio.

- Gallego para el grande, gallego para el grande, adelante gallego - repitió.

Nada.

- Ni gallego, ni asturiano, ni andaluz. No contesta nadie - dijo Lázaro frustrado, pero más que nada preocupado.

- Vamos a entrar dentro de la Bahía de Cárdenas - recomendó Luis.

- Esa bahía es muy peligrosa. Tiene muchos bajos y mucha piedra. Vamos a tratar de quedarnos aquí y ver con quién le mandamos un mensaje a los guardafronteras cubanos - le contestó Lázaro.

No tuvieron que esperar mucho tiempo. Afortunadamente al poco rato pasó junto a ellos un pequeño barco con varios pescadores. Luis le hizo una señal con la mano y los pescadores se acercaron.

- Compañeros por favor pueden llegar a la base del guarda fronteras y decirle que los internacionalistas que ellos esperan ya están aquí.

Como todo favor debe ser acompañado por una recompensa, Lázaro le dio 4 paquetes de café Pilón y unas patas de rana. 20 minutos después el comité de bienvenida hacía su aparición.

Ya navegando dentro de la Bahía de Cárdenas, Luis tomó la palabra:

- Ya estoy creyendo que esto está autorizado por el mismo "Cara de Coco" y su hermano.

- No puede ser de otra manera. Tiene control de la Marina de Guerra, del Ministerio de Turismo y de las fuerzas de los guarda frontera. En un país donde todo el mundo vigila a todo el mundo no puede ser de otra manera que tengan la autorización del mismo "Cara de Coco" - le contestó Lázaro.

Si todavía se preguntan quién es "Cara de Coco", se refieren a Fidel Castro.

Las dos embarcaciones llegaron junto a un barco anclado en el centro de la Bahía de Cárdenas y el yate después de colocar las defensas, se amarró a su lado.

- Brinquen al barco, ¡qué ustedes se van con nosotros! - les gritó desde la lancha el Mayor Sánchez.

Con la rapidez de la edad, en un dos por tres Luis y Lázaro estaban sobre la cubierta de Siboney.

Uno de los tripulantes le preguntó a Luis:

- ¿En el yate viene alguna mercancía?

- La bodega está llena. - le contestó Luis con rapidez.

- ¿Y para quién es lo que viene en el Yate? - volvió a preguntar el militar.

- Yo supongo que es para ustedes - le respondió Lázaro.

No pasaron más que unos segundos después de la respuesta de Lázaro, para que aquellos 3 militares saltarán al yate, y sacaran de su bodega todo lo que había en ella. Observar tanta eficiencia, provocó que Luis le comentara a Lázaro en baja voz:

- Acabo de ver en una película de piratas, como se saquea una embarcación.

- Sí socio, en vivo y en directo - le respondió Lázaro.

- Ahora sí creo que esto está autorizado al mayor nivel de gobierno de Cuba - le comentó Luis.

Lázaro y Luis abordaron la nave de los cubanos y fueron llevados a un lugar de la costa donde había varios civiles pescando, entre ellos un niño. Allí los esperaba el Land Rover de color azul, que ellos abordaron junto a Sánchez Lima y Juan Carlos, un capitán del ejército que venía con ellos.

Ya en el vehículo, Lázaro le comentó a Luis en voz baja:

- Viste como los civiles desaparecieron cuando llegó esta gente.

En efecto los civiles que estaban pescando, tan pronto vieron llegar la lancha y el Land Rover, se hicieron humo.

- Bajo las dictaduras, las cosas funcionan así - le respondió Luis.

El Land Rover arrancó a toda velocidad. Cruzaron el centro turístico más famoso de Cuba, la playa de Varadero. Pasaron junto al Aeropuerto, lugar por el que muchos cubanos habían salido del país, en el puente de la libertad. Después por Camarioca, lugar también de salida de Cuba hacia Estados Unidos. En botes, llegaron al entronque de Peñas Altas y corrieron por la carretera Central hacia la Atenas de Cuba, la ciudad de los ríos la antaño, alegre Matanzas.

El panorama era de total calamidad, las calles llenas de baches, las edificaciones despintadas en el mejor de los casos y destruidas en el peor, los transeúntes mal vestidos corrían como locos siempre con jaba (bolso) bajo el brazo.

Lázaro tuvo lástima de aquella pobre gente. El odio que sentía antes, por un pueblo que lo había herido, encarcelado y maltratado, desapareció.

- A veces el odio se convierte en lástima. - pensó para sus adentros.

Cruzaron Matanzas a velocidad del rayo y entraron en la Vía Blanca, una carretera que corre paralela al mar, desde Matanzas a la Ciudad de la Habana.

Lázaro siempre en voz baja le comentó a Luis:

- Esta carretera fue hecha bajo el gobierno del Doctor Ramón Grau San Martín.

- ¿Y quién fue Ramón Grau? - le preguntó Luis.

- El fundador del Partido Auténtico, un hombre muy inteligente y expresidente de la Cuba Republicana.

El Land Rover, esquivando los baches de la carretera, cruzó el Puente de Bacunayagua, a la derecha se observaba la Punta de Ruvalcaba, y a la izquierda, el hermoso valle de Yumuri, orgullo nacional, Santa Cruz del Norte, las playas de Santa María y Guanabo.

En la rotonda dejaron la Vía Blanca y tomaron la Monumental que los llevó al túnel que una compañía francesa había construido para la unión de la salida de la bahía. Cruzaron el túnel y tomaron por el malecón habanero.

El Land Rover corrió por todo el malecón rumbo oeste. Rebasaron el túnel bajo el río Almendares y entraron en la Quinta Avenida hasta la Marina Barlovento donde, en el Hotel Ernest Hemingway, los esperaban Raulito y el Moto.

Llegaron y Luis y Lázaro fueron llevados al último piso del hotel. A Lázaro le esperaba una sorpresa que echaría por el suelo una de las grandes mentiras del castro comunismo, la mentira de haber erradicado la prostitución.

En la habitación del hotel, Raulito y el Moto no estaban solos. Los acompañaban un grupo de hermosas muchachas.

Moto llamó a una de ellas y le dijo a Lázaro:

- Mira Julito esta muchacha se llama Carmen y estudió historia como tú. Ella va a ser tu guardaespaldas en Cuba. - dijo con sorna.

Lázaro no comprendía bien lo que estaba pasando y miró de pie a cabeza a aquella muchacha que era la estampa viva de la flor en la miseria. Estaba vestida con tela de toalla barata y unas viejas sandalias.

- Si hermano ella se va con usted - le dijo Moto a Lázaro haciéndole un guiño de ojo.

La muchacha le tomó la mano y como Lázaro tampoco era Pinocho, se dejó arrastrar por aquella hermosa corriente.

Moto tomó de nuevo la palabra:
- Luis y tú van ahora para una casa que alquilamos en Villa los Cocos en la playa de Santa María del Mar. Nosotros vamos mañana para allá.

- Bueno si las cosas son así vamos, que estoy muy cansado - le contestó Lázaro.

Carmen Cecilia era una hermosa cubana de 30 años, con un cuerpo escultural que llamaba mucho la atención entre los hombres. Soltera y sin hijos, tenía una hermanita, Mercedes, que era su mayor adoración. De padre mexicano y madre cubana, ambos se separaron cuando ella era una adolescente. Poco tiempo después, su papá regresó a México, dejando a la familia sin ningún apoyo económico. Cuando tenía 25 años, Carmen tuvo un romance con un hombre mucho mayor que ella, que prometió sacarla del país. Al final, su sueño se hizo humo, cuando su ex pareja fue expulsado por el gobierno de Cuba.

Lázaro sabía perfectamente que la mayoría de las jóvenes cubanas sueñan con emigrar al mundo civilizado y no tenía duda que esta muchachita hermosa que tenía a su lado no era la excepción. Lo que nunca imaginó es que 7 años más tarde se volverían a encontrar para algo mucho más trascendental de lo que iban a hacer esa noche. Ese relato, más adelante.

Ya en camino con el Capitán Juan Carlos al timón del Land Rover, Carmen le dijo a Lázaro:

- Quiero pasar por mi casa.

- ¿Pasar por tu casa a qué? - le preguntó Lázaro.

- A recoger ropa - le contestó Carmen.

- ¿Dónde vive la señorita?

- Yo vivo en el barrio de Luyanó, por la calle Fábrica.

- ¿En qué calle? - preguntó Lázaro - ¿En Fábrica y Municipio, Fábrica y Arango, y Rodríguez, y Pérez, y Santa Felicia, y Santa Ana, y Compromiso, y Herrera, y Calzada, y Mangos, y Remedio, y Quiroga, y Tres Palacios o Fábrica y Colina?

Carmen se quedó con la boca abierta, Lázaro le

Cármen

había dicho todas las calles que hacían esquina con Fábrica.

- ¿Qué tiempo hace que usted salió de Cuba? - preguntó la muchacha sin salir de su asombro.

- Eso no importa, lo que importa es que yo soy de aquí y tengo buena memoria. - dijo Lázaro con orgullo. Carmen no sabía que estaba frente a un hombre con más datos en su cabeza que un diccionario Sopena.

- Buena no, muy buena - le dijo Carmen sonriendo con admiración, evidente por primera vez en su rostro.

El Land Rover parqueo frente a la casa número 90 de Villas los Cocos en la playa de Santa María del Mar. La casa disponía de 4 habitaciones, 2 en la planta baja y dos en la planta alta. Lázaro y Luis ocuparían las habitaciones de la planta alta.

Ya dentro de la habitación, Lázaro y Carmen se sentaron en la cama.

- ¿Tú sabes para qué tú estás aquí? - le preguntó Lázaro a Carmen con un tono entre emocionado y pudoroso.

Lázaro siempre ha sido un hombre que valoraba más la conquista de la mujer que el simple acto sexual. Le causaba emoción y excitación todo el proceso de enamorar, de conseguir reacciones positivas. Él siempre tuvo la filosofía de que es mejor comprarle a su enamorada un anillo de diamante de $50.000 dólares que pagarle $50 a una prostituta por un momento de placer.

Pero en ese momento todo era diferente. Había regresado a su Cuba natal en circunstancias muy especiales y se había dado cuenta que Carmen no estaba ahí con él por gusto, sino porque, seguramente, estaba siendo chantajeada por los oficiales del gobierno para cumplir ese papel de acompañante a cambio de algo que era importante para ella. Inclusive existía la posibilidad de que la hayan reclutado para extraer y reportar información sobre los recién llegados.

Antes de que pasaran 48 horas, se daría cuenta que tenía razón.

- ¿Sabes? - insistió Lázaro.

La muchacha bajó la cabeza apenada, y eso tuvo un efecto de ternura sobre Lázaro, que no podía evitar ser un romántico. En ese momento consideró que era necesario poner las cosas bien claras y con una actitud relajada, tomó la palabra:

- Mire señorita yo en asuntos del amor estoy al día. Yo tengo mi relación en Miami. Además, tengo madre, hermana, e hijas y mi deber de hombre es portarme con decencia. Si usted no está de acuerdo, mañana temprano le compro unos regalos, se llama un taxi, se va para su casa, y quedamos como buenos amigos.

Carmen con la cabeza baja le dijo:

- Si, yo estoy de acuerdo. Tal vez las consecuencias de esa partida abrupta eran demasiado severas.

- Pues si tú quieres, yo también quiero - le dijo Lázaro.

Carmen se paró en la cama y el vestido de toalla que apenas le tapaba el cuerpo dejó de cumplir su función. Cayó a sus pies. Su piel blanca y sedosa era brevemente interrumpida por dos senos pequeños, pero capaces de derribar del cielo a un Boeing 747. Al menos eso pensó su afortunado testigo. De ahí para abajo nacían curvas dignas de un pintor renacentista, que había mojado su pincel en una poción mágica creada para enloquecer a cualquier mortal.

Lázaro, a partir de ese instante, olvidó por completo que no había dormido por dos días seguidos. Por el contrario, sintió cómo si hubiera nacido otra vez.

Brevemente a su mente romántica se le ocurrió pensar que esa mujer no era una principiante en los temas del sexo, pero la idea se disipó por completo cuando Carmen se puso de rodillas y comenzó a desvestirlo.

A la mañana siguiente Lázaro despertó con una revelación, molesto porque no se le había ocurrido antes. Tenía que cuidar su boca, pero no de los besos de esa joven tan generosa en la cama sino de los micrófonos que podrían estar instalados en su habitación.

Era ya el mediodía y los dos tenían hambre de náufragos. Carmen trató de hablar y Lázaro, poniendo un dedo sobre su boca, le señaló que no dijera nada. La muchacha comprendió y obedeció. Salieron de la casa tomados de la mano como dos novios, basto una buena noche de sexo para que se tomaran cierta confianza. Fueron a almorzar, casi en silencio y después bajaron a caminar por la playa.

- Algo me querías decir en la habitación y creo suponer lo que quieres hablar conmigo - le dijo Lázaro a Carmen.

- No, olvídalo no es nada importante - le contestó ella.

Lázaro le tomó la mano y se la besó en señal de respeto y le dijo:

- Presiento que quieres decir algo, pero qué tienes miedo. Es normal en un país donde no se puede confiar en nadie. Habla, yo estoy con ellos, pero no soy de ellos. Quiero que me cuentes tu historia, pero no me engañes, dime la verdad.

Carmen miró los ojos de Lázaro buscando la verdad, porque un pequeño error le podía costar muy caro. Por fin decidió arriesgar.

- Tu amigo, no te engañó cuando te dijo que yo estudié historia. Estuve en la universidad hasta cuarto año de Licenciatura en Historia, pero terminando el cuarto año, conocí a un extranjero, un chileno, un hombre mayor que me duplicaba la edad, pero a pesar de todo, le tomé mucho cariño. En fin, me sentía muy bien con él. Yo creo que se enamoró de mí. Me cambió la vida, me hacía regalos, me daba dinero, y me prometió llevarme con él a Chile. Pero un día, yo creo que para no tenerle que pagar algo, lo declararon persona no grata, y lo expulsaron del país, a mí me arrestaron.

Lázaro interrumpió a Carmen con una pregunta:

- Pero a ti por qué, ¿qué habías hecho tú?

Carmen intentó una sonrisa tímida, que reflejaba una gran tristeza y continuó su historia.

- Me acusaron de prostitución y me llevaron a la prisión de Manto Negro.

- ¿Y allí te fueron a reclutar? - le preguntó Lázaro con ojos grandes de asombro.

Carmen bajo de nuevo la cabeza en señal de pesar y dijo:

- Qué otra cosa podía hacer yo, si me negaba, me tenía que quedar en aquel infierno, pasando hambre y rodeada de lesbianas.

Lázaro retomó la palabra, luego de tragar un poco de incómoda saliva:

- ¿Y qué es lo que en realidad tú quieres hacer ahora?

Carmen no tuvo que pensar la respuesta, y le dijo:

- Lo que quiere la mayoría del pueblo, salir de esta isla, aunque sea para la Yuma.

- Voy a confiar en ti, y no sé cómo, pero voy a tratar de ayudarte.

- Pero no puede ser legal, de manera legal ellos nunca me van a dejar salir de aquí - le dijo Carmen, ya arriesgando todo.

- Ahora no puede ser, déjame llegar a Miami. - prometió Lázaro, casi de compromiso.

- Yo sé de una joven, la vino a recoger en una lancha, yo he ahorrado dinero, yo puedo pagar.

Lázaro comprendió el estado de desesperación de Carmen y le dijo:

- Yo no me voy a olvidar de ti, déjame llegar a Miami y allí voy a ver qué puedo hacer por ti, pero ahora vamos a regresar.

- ¿Por qué no me compra un casete de música? - dijo la joven ya volviendo a su propia realidad.

- ¿Y dónde lo podemos comprar? - le preguntó Lázaro.

- En la tienda del hotel Mar Azul - le dijo la muchacha.

Caminaron al hotel y entraron en una pequeña tienda.

- Compañero esto es área de dólar - dijo de manera agresiva una empleada.

- Sí, con dólares vamos a pagar - le respondió Lázaro.

- ¿Usted tiene identificación compañero? - volvió a preguntar la descortés empleada. Sin duda no usaría ese tono si un par de yankis visitaban su tienda.

Lázaro con una sonrisa le preguntó:

- ¿Es usted marinera?

- No, yo no soy marinera - respondió la empleada, visiblemente molesta.

- Si no es marinera, no somos compañeros, sí tengo identificación señora - le respondió Lázaro, pronunciando con fuerza la palabra señora.

La pareja se acercó al mostrador y Lázaro le mostró su licencia de conducir del Estado de la Florida.

- Queremos un casete de música de Juan Manuel Serrat, el que trae Pueblo Blanco.

La empleada, ya menos confundida, puso sobre el mostrador el casete que Carmen le había pedido y dijo:

- Son 5 dólares.

- Qué caro - protestó Carmen.

- Gracias a Dios tenemos los 5 dólares - le dijo Lázaro.

Aquella empleada le preguntó de manera despectiva y burlona:

- ¿Usted cree en Dios?, yo creo en la revolución.

Lázaro se sonrió y le respondió:

- Claro que creo, cómo no voy a creer, mire lo que dice el billete con que le estoy pagando.

- ¿Y qué dice el billete? - le preguntó Carmen.

- IN GOD WE TRUST - contestó Lázaro levantando los 5 dólares frente a su cara, asegurándose que la empleada también lo vea.

- ¿Y qué significa eso? - preguntó ella en forma grosera.

- Que en Dios nosotros confiamos - le respondió Lázaro mientras se daba vuelta para salir de la tienda, imaginándose la cara de asco que tenía la mujer revolucionaria.

Lázaro volvió a sentir lástima por la cubana que quedaba atrás, encerrada en ese mundo ficticio, con ideas falsas y carente de libertad. Ella representaba perfectamente a un pueblo hipnotizado por las mentiras de un gobierno que siempre controló sus mentes, con el simple propósito de mantenerse en el poder.

Para ese entonces, en 1988, el experimento fallido que se daba por llamar "Revolución Cubana" había fracasado estrepitosamente por casi 30 años, dejando en el camino a un pueblo pobre, ignorante y sin futuro.

Precisamente por ese motivo los "internacionalistas" (como lo llamaban los oficiales cubanos esos días) estaban visitando su tierra natal. Para ayudarlos a sobrevivir.

Salieron de la tienda a la calle primera de Santa María del Mar y detuvieron un taxi, lo abordaron, y en menos de 10 minutos estaban frente a la casa número 90.

- ¿Cuánto es la carrera? - preguntó Lázaro.

- Son cinco pesos - le respondió el taxista.

Lázaro le fue a pagar con cinco dólares, el hombre algo asustado le dijo:

- Ese billete me puede costar 5 años de prisión.

- ¿Y por qué? - le preguntó Lázaro.

- El dólar está penalizado en el país - le respondió Carmen, quitándole el billete a Lázaro de la mano y pagando ella con un billete nacional.

Si había un símbolo diabólico, que representaba el odio que tenía el gobierno de Fidel Castro contra Estados Unidos, era el dólar estadounidense. La sola posesión de un billete, no importaba la denominación, era motivo para encarcelar a un ciudadano común, por traición a la patria. Irónicamente la información que Lázaro venía a proporcionarle a los militares cubanos en esos días iba a permitirles recaudar millones de eso que ellos tanto odiaban.

Pasaron varios días sin muchas novedades, hasta que una mañana Lázaro abrió la ventana de su habitación y observó la presencia de varios vehículos militares cubanos de fabricación rusa a pocos metros de la casa donde se estaban quedando. De inmediato pensó que se habían equivocado de dirección y que venían a buscarlo a la casa equivocada porque en su mente la reunión que estaba esperando se iba a realizar en algún edificio gubernamental.

- Quédate aquí que ya vengo - le dijo a Carmen que se había hospedado con él todos esos días haciéndole compañía.

Al bajar las escaleras se dio cuenta que sus amigos habían decidido dormir hasta tarde ese día o tal vez en sus camas tenían suficiente motivo como para no levantarse. Todo estaba en silencio, excepto por los ruidos de los motores que se oían a través de la puerta cerrada.

De una casa a la otra había apenas unos 20 metros. Tan pronto Lázaro salió y comenzó a caminar hacia los militares que hacían guardia en la puerta, se puso a pensar:

- Estos cubanos son unos cara de lata, que explotan al pueblo, que los esclavizan."

Lázaro no tenía ni idea a quien se iba a encontrar en esa casa, nunca nadie se lo había dicho quiénes eran los representantes del gobierno que se reunirían con el. Cuando llegó cerca de los vehículos parqueados frente a la casa número 84, comprendió que no iría a ningún lado. Los guardias le indicaron que entrara por la puerta y subiera las escaleras al segundo piso. Por la cantidad de seguridad era evidente que dentro de esa habitación había alguien de muy alto rango, inclusive pensó: "¿y no será el mismísimo Fidel?"

La idea se disipó cuando el oficial que estaba esperándolo arriba le abrió la puerta y vio a dos hombres que ya conocía hace mucho tiempo. Ninguno era barbudo y fumaba habanos. Eran funcionarios de muy alto rango del gobierno de Cuba: uno, el General José Abrahantes Fernández, ministro del Interior, ex guardaespaldas y amigo personal del Comandante en Jefe, Fidel Castro. Una de las caras más conocidas de la revolución en ese momento, quien desde 1985 tenía a cargo uno de los ministerios más importantes del gobierno. Fue uno de los principales responsables por la creación del MC, la división del ministerio que tenía a su cargo la difícil misión de burlar el embargo norteamericano y generar dinero para mantener a flote la economía cubana.

El segundo participante de la reunión era el coronel Antonio "Tony" de la Guardia, jefe del MC.

- Permiso - dijo Lázaro con cierta timidez y todavía sorprendido por semejante sorpresa.

- Adelante, mi amigo, por favor acérquese a la mesa - dijo Abrahantes extendiendo su mano diestra para saludarlo.

- Mucho gusto - respondió Lázaro y luego de saludar al general se acercó a De la Guardia para estrechar su mano también.

Pensó en elogiarlos por su fama y trayectoria, pero luego recordó quienes eran en realidad y lo que estaba sintiendo en ese momento era simplemente asombro, y no admiración.

Sobre la mesa había una carta marítima de Cuba. Lázaro reconoció de inmediato la zona que tenía en mente para su explicación. Lo que estos dos militares querían saber era cual sería el mejor lugar para lanzar al agua paquetes de droga desde aviones colombianos provenientes del Cartel de Cali. A Lázaro ya le había explicado en Miami días atrás que los militares cubanos responsables del narcotráfico hacia las costas de la Florida estaban buscando modos alternativos para evitar que los aviones tuvieran que aterrizar en pistas militares. Esto suponía descargar la mercancía y llevar la droga a la costa para entregarla a las lanchas rápidas que harían las 90 millas hacia Estados Unidos.

Muy complicado.

Lo ideal era lanzar los paquetes desde las alturas hacia el agua y dejarlos ahí hasta que las embarcaciones llegaran a recoger. Siempre había militares cubanos de la guardia costera vigilando la valiosa carga.

Esta operación le dejaba muchísimo dinero al gobierno de los Castro, y de manera fácil. Ellos no tendrían ni siquiera que tocar la droga, sólo facilitaban el acceso rápido y cercano a los narcotraficantes colombianos que se ocuparían de todos los pasos del proceso: cargar los aviones en Colombia, transportarlos los 1900 kilómetros que separan a Colombia de las costas cubanas y luego distribuirlo en los Estados Unidos a través de sus redes ya establecidas.

En caso de que alguien descubra la procedencia de las lanchas cargadas de narcóticos, el gobierno cubano simplemente negaría su intervención, alegando que todo se hizo ilegalmente utilizando su territorio. De hecho, eso sucedió en varias ocasiones lo que culminó con 2 juicios sumarios completamente falsos que le costaron la vida al coronel Antonio de la Guardia, el mismo que estaba ahí reunido con Lázaro, el General Arnaldo Ochoa, héroe militar cubano y dos de sus ayudantes, el mayor Amado Padrón y el capitán Jorge Martínez. Los cuatro fueron fusilados por orden de Fidel Castro en julio de 1989.

El propósito de esta farsa montada por el gobierno cubano fue demostrar que en ese país no había narcotraficantes y que eso era lo que le pasaba a quienes osaban desobedecer la "alta moral revolucionaria" del pueblo.

Meses después del fusilamiento de Ochoa y de la Guardia, el General Abrahantes fue destituido de su cargo y procesado por acusaciones similares, incluidos cargos de malversación de fondos del gobierno. Lo condenaron a 20 años de prisión, pero en 1991, apenas 2 años después de ingresar a la cárcel lo encontraron muerto en su celda, supuestamente por un paro cardiaco. Lázaro dice que fue asesinado. Le dejaron de dar las pastillas contra la presión alta que tomaba, lo que causó su muerte.

- Aquí está la Bahía de Cádiz, este es el lugar ideal para lanzar la carga - dijo Lázaro, señalando una zona al este de los Cayos Falcones, en la costa norte de la isla. - Aquí está el norte de Matanzas, aquí está la entrada de Icacos, la bahía de Cárdenas, aquí no se puede trabajar porque hay muchos bajos. Pero en esta, en la bahía de Cádiz podemos tirar y ahí recogemos.

Nota del autor: La Bahía de Cádiz ahora lleva otro nombre. Se llama Bahía de Santa Clara y se encuentra entre el Cayo de las Cinco Leguas y la ciudad de La Teja. En ese lugar hay un destacamento de la patrulla guarda fronteras de Cuba, que tenía la labor de vigilar los cargamentos que los aviones dejaban caer en el agua.

Y luego de una breve pausa que hizo a propósito para ver si había preguntas, agregó: - En este lugar los paquetes van a mantenerse flotando cerca de la costa y no la marea no se los va a llevar hacia alta mar, inclusive si se demoran en recogerlos.

Abrahantes miraba el mapa, en silencio. De la Guardia tomó la palabra.

- ¿Y los botes rápidos no tendrán problema con la profundidad en esa zona?

- No, - respondió Lázaro rápidamente - allí se dan todas las condiciones ideales para lo que ustedes quieren. Buena profundidad, discreción, seguridad de la carga, fuera de la vista de los guardacostas yanki, y fácil de encontrar, porque ahí está el faro que es un buen punto de referencia visual tanto para los aviones como para los lancheros.

Finalmente, Abrahantes, tal vez por cortesía o para no quedar mal con Lázaro, decidió hablar.

- ¿Cómo es que tú eres tan experto en cartas marítimas de Cuba, has hecho muchos viajes para aquí?

Lázaro sospechó un doble sentido en su pregunta y decidió ir por el camino más simple.

- Yo conozco mucho estas aguas, sin embargo, nunca he trabajado para ustedes. Cuando me avisaron de esta reunión internacionalista decidí estudiar bien todas las opciones para la misión que me habían asignado, - dijo Lázaro tratando de sonar lo más profesional posible - y por eso llegué a esta conclusión.

Abrahantes lo miró con curiosidad, su cara de poco amigo cambió por una de militar, suspicaz y un poco sombría.

- ¿Entonces no eres narcotraficante? - inquirió con autoridad.

- Soy contrabandista - aclaro Lázaro con una respuesta que ya tenía preparada de antemano. - hay una gran diferencia. Yo muevo lo que me pidan, lo que me de dinero. Pueden ser drogas, y solo marihuana - aclaró con firmeza - oro, diamantes u obras de arte - terminó diciendo con un poco de sorna.

Lo que Lázaro jamás diría en esa habitación llena de militares es que en varias ocasiones había hecho contrabando de humanos, ayudando a familiares, amigos y desconocidos a escapar del infierno represivo que era Cuba.

- Mayormente trabajo para los colombianos a través de las Bahamas y algunos cargamentos que vienen de Jamaica. Pero esta es mi primera incursión en aguas cubanas para tratar asuntos relacionados al movimiento de drogas. - agrega Lázaro, poniendo en claro que no estaba metiéndose en territorio ajeno sin permiso.

- No te estoy acusando de nada, amigo - dijo Abrahantes comprendiendo el peso de sus palabras y, tal vez, evitando que esa relación ventajosa para sus planes se arruinara apenas comenzada. - solo te pregunto porque queremos seguir en contacto contigo para otras situaciones como esta, cuando necesitemos información sobre puntos de entrega.

- No me ofendo, General, solo quiero dejar claro que yo con Cuba no me meto sin tener la autorización del comandante en jefe, conozco lo que es capaz de hacerle a la gente. - respondió Lázaro y luego se arrepintió de haber sacado el tema.

- El comandante no se va a enojar. - el coronel de la Guardia interrumpió, sintiendo un poco de tensión en el ambiente. - aquí todos estamos trabajando para un mismo fin, por el bien de la revolución.

Lázaro optó por el silencio. Las tres heridas de bala que tenía en su cuerpo dolieron un poquito. Sabía que si abría la boca esa reunión podría terminar muy mal y que iba a ser muy difícil cobrar sus honorarios si lo hacía.

- Eso me parece muy bien, cada uno cuida lo que ama, ¿no es cierto? - respondió, sorprendido por su capacidad diplomática.

- ¿Algún otro lugar que nos recomiende? - pregunto De la Guardia?

- Para lo que ustedes necesitan no, todos los demás son del lado sur de la isla y agregaría muchas millas al viaje de los lancheros o ustedes tendrían que transportar los bultos a través de la isla. No me pareció práctico recomendar otros lugares. Yo se que en este negocio hay que ser práctico y rápido, mientras más eficientes mejor.

Lázaro estaba dando una lección de cartografía marina y sintió que revalidaba su título de licenciado en historia. De inmediato noto que la cara de los dos militares cubanos parecía indicar que ya se les agotaron las preguntas y que la reunión se había acabado.

- Muchas gracias, - dijeron ambos militares casi al unísono, mientras tomaban el mapa de encima de la mesa para enrollarlo.

Uno de los escoltas se acercó a Lázaro y tocó su brazo, señal universal de que hay que buscar la salida.

- Mucho gusto - mintió Lázaro, quien a esa altura de la reunión había recordado con más detalles las atrocidades perpetradas por el régimen cubano a todo su pueblo, incluida su familia, que casi se disolvió al comienzo de la revolución. Siete de sus primos fueron fusilados por las tropas de Castro. Recordó su época como "plantado" en las cárceles cubanas, cuando se negaba a vestirse como los presos comunes porque él era, juntos a muchos otros, un preso político, de conciencia. Y ni hablar de la angustia que vivió oyendo los gritos de tortura o el sonido de los rifles durante los fusilamientos que escucho cuando estuvo preso en su juventud.

- Al menos Carmen me va a quitar todo este estrés, - pensó para sus adentros mientras bajaba las escaleras, dejando atrás el murmullo de esos hombres que ahora sabían cómo contrabandear más y mejor la marihuana colombiana a los Estados Unidos.

Es importante aclarar que tanto los familiares del General Abrahantes, sus hijos y un sobrino contactados para este libro, como Ileana, la hija del coronel De la Guardia que reside en Francia, niegan rotundamente la existencia de esta reunión. Ellos sostienen que los dos militares nunca participaron en actividades de narcotráfico y que las acusaciones que surgieron pocos meses después de esta reunión con Lázaro fueron inventadas por el gobierno de Fidel Castro para limpiar su imagen a nivel internacional.

Ileana de la Guardia aclaró: - además que mi papá nunca participó en esas actividades ilícitas, me parece imposible pensar que dos militares de tan alto rango dentro se iban a reunir con un completo desconocido, quien podría ser perfectamente un agente encubierto del gobierno norteamericano, para hablar de temas tan delicados. -

Un par de noches después de la reunión con Abrahantes, Lázaro llamó por teléfono a Miami para hablar con Rosa, su amiga preferida, y esta le dio una noticia devastadora.

- Papi, Motico murió - Motico era el hijo menor de Armando, el Moto, de solo 2 años.

Su amigo y colega contrabandista se encontraba en la habitación de abajo, con su respectiva amiga cubana, ajeno completamente a la trágica noticia.

- Pero ¿cómo pasó esa desgracia con un niño de solo dos años de edad? - preguntó Lázaro, sintiendo como su alma se le iba al suelo.

- Libertad, la mamá, se quedó dormida, puede ser que estuviera drogada, el niño se cayó en la piscina, y se ahogó. - Rosa lloraba en silencio del otro lado del teléfono.

- ¿Pero tú estás segura de lo que dices? - preguntó Lázaro aun sin creer lo que escuchaba.

Motito era un niñito hermoso, la adoración de su papá. Llevaba su nombre, Armando.

- Claro papi, hoy lo vamos a velar.

- Bueno está bien, mañana te vuelvo a llamar - le dijo Lázaro a Rosa y colgó.

- ¿Qué pasó? - le preguntó Carmen.

- Al parecer en Miami el hijo más pequeño del Moto murió, pero no se lo vamos a decir hasta mañana. Vamos a dejarlo descansar hoy. Mañana ya voy a ver cómo le doy la noticia. -

Pero Lázaro había olvidado que Carmen era hermana de Mercedita, la compañera del Moto, y la noticia se filtró, y en la mañana el asunto creó crisis.

- Tenemos que hablar - le dijo Luis a Lázaro, mientras almorzaban.

- Yo sé que no está en el plan original, porque tú solo viniste como asesor, a enseñar a esta gente como recoger en el agua, pues yo he trabajado con gente valiente, pero con suicidas yo no trabajo, y la situación mental del Moto, es ahora, la de un suicida.

- ¿Y qué quieres hacer? - le preguntó Lázaro.

- Eso no tiene misterio socio, yo quiero que tú vengas conmigo.

- Eso cambia también mi pago - le contestó Lázaro.

- ¿Y cuánto tú piensas que sea justo? Porque la distancia es corta - aseguró Luis con un tono complaciente.

- Tú sabes que el peligro mayor está en las últimas 20 millas, donde están todos los enemigos juntos, los guardacostas, el servicio de Aduana, el Florida Marine Patrol, Fauna Marina y Flora, y policía local, más los tumbadores que te quieren robar.

- Está bien, yo te comprendo, dime, ¿cuánto quieres ganar? - le preguntó Luis.

La respuesta de Lázaro fue clara y directa:

- El kilo en este momento está en $2.000, yo quiero 500 dólares por pieza.

- Estamos hablando de 250 mil dólares - dijo Luis.

- Tómalo o déjalo, amigo, eso es lo justo, me estoy jugando 30 años de vida, eso es lo justo, la buena vida es cara, la hay más barata, pero no es vida - fue la respuesta de Lázaro.

- Está bien estoy de acuerdo - fue la respuesta de Luis.

Lázaro retomó la palabra.

- Llama a Colombia y dile que le coloquen un GPS al avión, que amarren los bultos de a cinco y que le pongan luces, porque vamos a recoger cayendo la tarde, si el mar está un poco movido, nos puede coger la noche.

- ¿Quieres recoger en Bahía de Cádiz? - le preguntó Luis.

- No, vamos a recoger esta vez al norte del Faro de Nono Grande, unas dos o tres millas mar afuera - fue la respuesta de Lázaro.

- ¿Tan cerca de la orilla?

- ¿La operación tiene la autorización del mayor nivel? - preguntó Lázaro con un gesto de sorpresa.

- Bueno eso nos han dicho y yo creo que sí - contestó Luis.

- Entonces cuál es el problema, sígueme que yo sé el camino, que yo de recoger en el agua y de mujeres flacas sé.

- Voy a llamar a Colombia para dar luz verde a la Operación Pingüino - dijo Luis aliviado. Con el cartel de Cali no se juega, y mucho menos estando en territorio cubano.

- Que no se te olvide lo del GPS y lo de las luces, para que no se nos pierda ningún paquete, que cada uno vale 400 lucas. - dijo Lázaro mientras se separaban.

Pasaron varios días de tensión, aburrimiento y gozadera, cada cual, en su mundo, pero como todo lo que se espera llega un día, una tarde Luis llamó a Lázaro y le dijo:

- Vete despidiendo de tu niña, que mañana trabajamos.

- Está bien, esta noche voy a echar el resto con ella, porque uno nunca sabe cuándo el toro te va a enganchar, uno nunca sabe cuándo te va a tocar perder, y recuerda cuál es el trato: un paquete me lo llevo yo tan pronto lleguemos a los cayos de la Florida, me lo llevo bajo el brazo, como un termómetro - terminó diciendo Lázaro.

A las dos de la tarde del siguiente día, con Juan Carlos al timón, el Mayor Sánchez Lima a su lado y Luis y Lázaro en el asiento trasero, el Land Rover emprendió su camino hacia la playa de Varadero, según los cubanos, la playa más hermosa del mundo. Llegaron sobre las 5 PM, y fueron a un muelle donde abordaron una Mirage de 36 pies, con dos potentes motores Mercury de 250 HP, guiados por la Fórmula de los guardas fronteras cubanos.

Una vez en mar abierto, la embarcación cubana regresó a la costa, y ellos se pusieron en el lugar previsto, a unas 4 millas al norte del Faro de Mono Grande, Luis se sentó frente al timón y puso el radio de dos metros sobre la consola, Lázaro tomó asiento junto a los motores.

Serían un poco más de las 6 de la tarde, cuando oyeron por el radio de dos metros, la voz del capitán del avión decir:

- Capitán, aquí Pingüino.

Luis con la velocidad de un rayo tomó el radio y respondió:

- Pingüino, aquí Maestro en posición, le voy a dar la longitud y la latitud de nuestra posición por el GPS.

- Capitán yo no traigo GPS, estoy volando por radiales.

Inmediatamente Luis se dirigió a Lázaro y le dijo:

- El avión está volando por radiales, dice el capitán que no trae GPS, ¿cómo va a dar con nosotros?

- Fue por eso que escogí este lugar, yo sé mucho de esto y de mujeres flacas. - dijo Lázaro con ironía, pero también orgullo, otro contrabandista hubiera tenido un ataque de pánico.

- Yo sé que tú sabes mucho de mujeres flacas, pero dime qué vamos a hacer ahora.

Luis estaba tratando de bromear para esconder sus nervios. Si perdían este cargamento o quedaban mal con los narcotraficantes colombianos, las consecuencias podrían ser catastróficas.

- Tranquilo socio que el equipo gana. Dile al piloto que busque un faro que está en la punta de la península.

Luis le comunicó al piloto lo dicho por Lázaro.

- Capitán ya estoy viendo el faro - le respondió el piloto.

Lázaro tomó el radio y le dijo:

- Pasa sobre el faro y pon rumbo norte, franco y ahí nos vas a ver.

Diez minutos después, un aéreo comando amarillo, con un pingüino dibujado en la cola, pasaba sobre ellos a baja altura.

- Comiencen a tirar los paquetes, volando en círculos - le ordenó Lázaro.

Ante la mirada atónita de turistas y nacionales que disfrutaban de la playa antes de la caída del sol, desde el avión empezaron a caer los paquetes sobre las olas.

Uno, dos, tres, todos separados se estrellaban estrepitosamente en el agua. No los habían atado como pidió Lázaro, tampoco tenían luces. A la distancia podía verse un barco militar cubano anclado, observando el espectáculo. Cómplice. Nunca se movió.

Le tomó más de una hora a Lázaro y Luis sacar del agua los paquetes y acomodarlos en la proa de la embarcación. Esta operación lleva por lo menos 3 hombres, con mar tranquilo. Ellos solo eran dos y el mar se había picado, pero la ambición por el dinero hace a veces duplicar sus fuerzas al hombre. Cayendo la noche habían terminado de recoger los 25 paquetes. El aéreo comando amarillo, ahora apodado "el pingüino", ya se había alejado con rumbo a Colombia.

Desde la playa todavía observaban el inusual espectáculo, como si fuera un capítulo de "Miami Vice". Tal vez algún incrédulo llegó a pensar que se trataba de una misión humanitaria entregando comida y medicamentos para el desesperado pueblo cubano. No era una mala idea, especialmente al ver la patrulla militar cubana presenciando el proceso.

El plan original consistía en recoger la carga y salir directo hacia los Cayos de la Florida, el lugar favorito de Lázaro para entrar a la costa sin ser descubierto. Pero debido al mal tiempo y a la altura de las olas, habían gastado más gasolina de lo calculado, y tenían que llenar el tanque o correr el riesgo de quedarse varados a medio camino.

- Llama por el radio y dile a Sánchez que tenemos que entrar a echar gasolina. -

Media hora después, la lancha se amarraba en el muelle de la Base de fronterizos de Varadero. Ya había llegado la noche y en lo que se llevaban la lancha a llenar el tanque, Luis y Lázaro sentados en el muelle hablaron:

- Este avión es lento y ha sobrevolado Cuba primero del sur a norte y después de norte a sur, es imposible que escapara a los radares, de verdad que esto, está bien autorizado al mayor nivel - le dijo Luis.

Recordemos que esto sucedió antes de la reunión con Abrahantes y de la Guardia y aun ninguno de los dos amigos sabía la dimensión de la red de narcotráfico en Cuba.

- Hemos recogido los 25 paquetes delante de todos los que estaban en la playa, ellos deben haber pensado que estaban viendo una película - comentó Lázaro.

Una hora después, la lancha llegaba al muelle capitaneada por el coronel Blanco, el jefe de los fronterizos de Matanzas.

- Bueno socio, a caballo, a lo que vinimos - le dijo Luis a Lázaro.

- No, nos vamos al amanecer, hoy vamos a cambiar las reglas de juego - le dijo Lázaro a su compañero.

- Tú eres el capitán, tú mandas - le respondió Luis.

Los dos se acostaron a dormir con el salvavidas de almohada sobre el duro y frío cemento del muelle. A las 5 de la madrugada arrancaron los motores y salieron al mar rumbo a los cayos de la Florida.

- Pon norte franco, vamos a entrar por Fiesta Key al mediodía, que es la hora que la mona puso a la monita en el suelo y le dijo camina - le dijo Lázaro a Luis.

- Por Fiesta Key al mediodía, ¿no será eso demasiado peligroso? - le comentó Luis.

- Mira socio, cuando no te toca, aunque te pongas, y cuando te toca, aunque te quites, tengo la corazonada que por ahí vamos a meter esta carga hoy.

A unas pocas millas de los cayos, vieron pasar por el este, el guardacostas que venía haciendo rumbo sur y Lázaro le comentó:

- Mira por dónde va la corbata, va para el banco de Cayo Sal; así nos coge de frente. No pares aquí, ya no, aquí le deja el trabajo a aduana o al Marine Patrol.

Se fueron acercando a tierra y Lázaro le dijo a Luis:

- Pon rumbo al puente de la milla 70 vamos a pasar por debajo de él.

Pasaron junto al faro de Tennessee y se percataron que junto al puente, estaba el bote del Florida Marine Patrol.

- Para un motor y levántalo para que crea que llevamos un motor roto. - dijo Lázaro nerviosamente, sintiendo el peligro al acecho.

Luis obedeció de inmediato y al pasar junto al patrón, Lázaro saludó con una señal de manos. 15 minutos más tarde, estaban amarrando en Fiesta Key. La operación Pingüino estaba terminada.

De la marina, Lázaro llamó por teléfono a Rosa y una hora más tarde ella lo recogió con su paquete bajo el brazo, como si fuera un termómetro o una flauta de pan.

Una flauta de pan valuada en 400 mil dólares.

EPÍLOGO

LA VIDA ES UNA SOLA Y HAY QUE VIVIRLA PELIGROSAMENTE

Cuando en 1846 el poeta español Ramón de Campoamor escribió: "Y es que en el mundo traidor / nada hay verdad ni mentira: / todo es según el color / del cristal con que se mira", nunca imaginó que, un siglo más tarde, un muchachito cubano iba a construir su vida alrededor de esas palabras.

Pocas personas que yo conozco han desafiado a la vida, y a la muerte, como ese joven cubano que yacía en una camilla de hospital, moribundo, sin saber cuánto más viviría. Se puede decir que recorrió la vida en sus propios términos, desafiado a la ley natural y a la divina. En un mundo donde muchos dejan marcas efímeras en el camino, donde otros deben resignarse al olvido, él siempre encontró la forma de resurgir, de renacer desde el abismo.

Bien o mal, nadie puede decir que Lázaro García no tomó riesgos, que no enfrentó la vida con valentía. Desde la profundidad de una celda olorosa, semi desnudo y con escasa comida, llegó hasta la cumbre del capitalismo, lo hizo todo. Fue "plantado" en una cárcel cubana y llegó a millonario. Fue prisionero sin futuro y también libre como el viento. Fue todo lo que se propuso ser, y hoy, ya septuagenario, no se arrepiente de nada.

Lázaro Felipe García Fonseca nació en La Habana Cuba el 28 de septiembre de 1947 y a muy temprana edad se dio cuenta, violentamente, que estar en el lugar equivocado, en el peor de los momentos no es una tragedia, es sólo una circunstancia de la vida. Ese patrón se iba a repetir muchas veces a lo largo de su agitada existencia. Ya no con balas, al menos no en su cuerpo, pero si a partir de decisiones que lo llevaron a cumplir sus sueños y, también, varias veces a la cárcel.

Hoy, las heridas que luce en su cuerpo son una marca de honor, un recordatorio constante de que somos lo que somos y no debemos luchar contra nuestra propia naturaleza. Para Lázaro, haber llegado al borde de la muerte tan joven lo hizo el hombre que es hoy, amante de la vida, un filósofo a la deriva en mar revuelto, que siempre tuvo muy claro el rumbo que debía tomar.

Cuando le preguntan porque vivió de esa manera, responde:

- Dinero… es lo que mueve al mundo. El dinero puede causar guerras; las prostitutas se acuestan por dinero. Dinero, dinero, dinero… Corrompe y también hace felices a muchos. Pero llega un momento en que cuando tienes suficiente dinero para vivir, comienza la ambición. Y eso trae la vanidad. A Pablo Escobar lo mataron porque no quería dejar de ser Escobar. Al Chapo Guzmán lo cogen preso porque quería hacer una película." reflexiona Lázaro.

Hay dos tipos de hombres, los que dicen la verdad y los que viven mintiendo. Lázaro es de los primeros. Nunca ocultó su ambición ni su oficio. "Zapatero a tus zapatos", si quieres dinero, tienes que ir a buscarlo.

- Todo el mundo en mi familia siempre supo lo que yo hacía. Y me han dicho "yo te quiero mucho y te admiro mucho". - dice con orgullo.

Como dice Maquiavelo, "el fin justifica los medios".

¿Por qué quiere contar su historia ahora? Buena pregunta.

Durante la década que pasó en la cárcel, en su segundo paso por la justicia norteamericana, Lázaro se dedicó a escribir sus memorias. Mientras otros perdían su tiempo jugando dominó afuera de sus celdas, él volcaba su vida en un papel. Poco a poco, fue creando cientos de hojas escritas a mano, llenas de recuerdos, cuentos y fantasías de su mente. Al final, 20 libros salieron caminando con él de la prisión.

Hoy, ya un septuagenario, piensa que su vida es digna de contar. Aunque todavía no ha aceptado plenamente su título obvio de "narcotraficante" (prefiere que lo llamen "contrabandista" o "transportador") Lázaro está orgulloso de su viaje por la vida y convencido de que su historia inspirará a otros a encontrar su propio camino.

El mundo está lleno de personas que se niegan a aceptar su realidad, o quienes son. Que viven la vida inventando excusas para evitar el dolor de la verdad. Que le echan la culpa a sus padres, a sus orígenes o a las plumas del pollo para justificar sus fracasos.

El relato de este libro, más allá de sus ilegalidades, cuenta la historia de un hombre que hizo lo que le dio la gana, siempre entendiendo y aceptando las consecuencias. Si eso no es valentía, entonces no sé cómo llamarle.

Sin embargo, no podemos olvidar el aspecto histórico de su relato. Es la única persona que ha presentado pruebas irrefutables de la participación de los niveles más altos del gobierno cubano en el narcotráfico. Hasta ahora nadie, ni siquiera el mismísimo gobierno estadounidense con todo su poderío, había puesto al General José Abrahantes o al coronel Antonio de la Guardia en una misma habitación, hablando de las mejores rutas para inundar a los Estados Unidos de drogas.

Hasta ahora, nadie contó con lujo de detalles cómo se realizaban los viajes entre Cuba o las Bahamas hacia las costas de la Florida. Por eso este es un documento histórico valioso, que saca a relucir los pormenores de un mundo siempre oculto y misterioso, lleno de peligros e historias humanas pocas veces contadas.

Lázaro García Fonseca no es un héroe, mucho menos un pilar de la comunidad, sin embargo, esto no le quita mérito a su relato. Su historia merece, sin lugar a duda, un lugar en las bibliotecas del planeta, porque es única y valiosa, porque su vida se parece a la de muchos que no tienen el coraje para contarla. Porque se requiere una gran paz interior y valentía para abrir las

compuertas del alma y dejar que todo salga sin censura, sin remordimiento.

Campoamor lo dijo claramente: "todo es según el color del cristal con que se mira."

Y el cristal de Lázaro nunca se empañó.

www.ingramcontent.com/pod-product-compliance
Lightning Source LLC
Chambersburg PA
CBHW050517160726
48003CB00001B/343